［総合保育双書5］

幼稚園と保育所のいいところを見つめなおす

～こども園の在り方を軸にして～

大阪総合保育大学総合保育研究所 幼保一体化プロジェクト 編著

ふくろう出版

総合保育双書の刊行に当たって

　大阪総合保育大学は、平成18年4月、保育士及び幼稚園・小学校教諭を養成する4年制大学として開学し、平成22年4月に、その後の保育・教育を取り巻く環境の著しい変化と多様化した諸課題に対応できる、より高度な専門的職業能力を備えた人材を養成するために、大学院修士課程を設置しました。翌年の4月には、保育に関する理論と実践を融合した総合的研究を推進し、本学及び城南学園付属校・園・センターとそれ以外の校・園の教職員並びに大学院生の研究・研修の場とするとともに、その成果を広く社会に発信して、保育の質的向上に寄与するために、総合保育研究所を設立しました。なお、平成24年4月には、「保育の質の向上」が謳われる現状に鑑み、より高度な専門性と独創性、豊かな人間性とともに、確かな実践的、臨床的視野を兼ね備えた保育・幼児教育の研究者を養成することが急務であると考え、博士後期課程を設置し、従来の修士課程を博士前期課程に名称変更しております。

　さて、本研究所は、本学の名称に掲げている「総合保育」に関する理論的、実践的研究の組織・推進、研究成果の発信・出版並びに「総合保育」関係資料の収集・整理を行うとともに、現職教職員や大学院生の研究・研修を支援し、さらに国際学術交流を推進することを主な事業としています。幸い、現在までにすでに100名を超える研究員・客員研究員の参加を得、短期の共同研究プロジェクトとしては設立当初に発足した「子育て支援、保育指導のプロセス研究、幼保一体化の課題と方向、乳児保育、絵本プロジェクト」の5つのプロジェクトに加えて新たに「保育におけるアートの可能性、気になる子どもの理解と支援、子育てしやすいまちづくり」の3つのプロジェクトを立ち上げ、現在に至っています。また長期プロジェクトとしては設立当初から「幼児教育の国際比較」をテーマに掲げています。短期、長期とも今日の保育・教育現場の課題に密着したテーマを追求し、徐々にその研究成果がまとまりつつあります。

　そこで、研究成果が一応のまとまりをみました共同研究班から順に、その成果を「総合保育双書」として刊行することにしました。本双書が我が国の保育の質的向上にいささかなりとも貢献できますことを願って止みません。

　最後に、本双書の刊行にあたり、中尾博城南学園理事長と中尾徹司常務理事の温かいご支援とたゆまぬご尽力をいただきましたことに深く感謝申し上げます。

　なお、本文章は山﨑高哉名誉学長の刊行の言葉を踏襲して必要な加筆をしたものです。

平成30年8月31日
大阪総合保育大学
総合保育研究所長

玉置　哲淳

目 次

序
二つの保育の並存状態での課題 ―保育内容の視点からの検討― _____ 1

第Ⅰ部
保育概念の再構築の必要性とその課題 _____ 9
- 1章　こども園における課題の整理 _____ 10
- 2章　保育所と幼稚園の溝とは何か　〜保育所現場から〜 _____ 23
- 3章　保育所と幼稚園の溝とは何か　〜幼稚園現場から〜 _____ 30

第Ⅱ部
幼稚園と保育所の積極面を生かす視点 _____ 37
- 4章　保育・教育の語源と語義を問う ―保育と教育の一体化を求めて― _____ 38
- 5章　幼稚園と保育所の両方のいいところを生かす
　　　　―こども園における保育内容の課題と視点― _____ 49
- 6章　乳児保育の考え方と実践的保育計画編成論
　　　　―乳児の実践構造を踏まえて― _____ 64

第Ⅲ部
幼児教育・保育の再構築の視点と事例 _____ 93
- 7章　こども園の保育内容の方向性について _____ 94
- 8章　保育内容構造化の試み ―大阪狭山市の事例をもとに― _____ 103
- 9章　豊中市のこども園の状況 _____ 109
- 10章　新制度で問われる保育概念
　　　　〜こども園・幼稚園・保育所への意識調査より〜 _____ 118

第Ⅳ部
保育の再構築のための提言 _____ 135
- 終章　こども園の実践が生み出すもの _____ 136

謝辞　141
執筆者紹介　142

序

二つの保育の並存状態での課題
―保育内容の視点からの検討―

1、幼保連携型認定こども園教育・保育要領での検討の前提－並存状態を認めることから－

① 子ども子育て支援制度の現在をどうとらえるか

子ども子育て支援制度が2015年度より実施され、その中核に幼保連携型認定こども園（以下、こども園）が位置づけられました。これは世界でもまれにみる「一体化」あるいは「一元化」の方向をもった日本の保育の歴史上画期的なことといえます。いろいろな行政上の課題はあるとはいえ、2016年度には総数4000園超がこども園となり、その大多数が「幼保連携型認定こども園」であり、幼稚園と保育所の一体的運営がようやく受入れられたと考えることも出来ます。しかしこの選択はいろいろ解決すべき問題を抱えています。

というのは2つの文脈にあるものを統合しようとしているからです。

周知のとおり、就学前の子どもに関わる法律では、教育とは「教育基本法第6条第1項に規定する法律に定める学校において行われる教育を言う」と学校教育の範疇に限定する発想が盛り込まれ、他方保育は「児童福祉法第6条の3第7項に規定する保育を言う」と規定されています。

② 2つの文脈を視野に

このように法体系としては学校教育と児童福祉の2つの異なった文脈を視野に検討する必要があります。しかし、2つの体系の統合はそう単純ではなく、私たちも単純化しないことが望ましいと思われます。

保育所保育において最も子どもに寄り添っているのは「保育に欠ける子ども（保育の必要性の認定を受けた子ども）」の権利を認め、その保育は市町村を軸とした行政の責任と規定している福祉の発想であると言えるでしょう。他方、学校教育が子どもに寄り添ったものであるのは、教育は「公の性質」を持つことを意味します。つまり、幼稚園は「幼児の学校」という視点を持つことが可能であると言えます。学校は生活の基盤・生活の機能を離れて子どもに「教育」することが前提となっています。幼稚園は生活の基盤・機能の一部ではないかという議論はありますが、相対的に家庭教育とは異なる機能を果たしているという前提があることは忘れてはいけません。

このように、現在の法体系が2つの並存状態であるので、理論上一体化を議論する際には教育とは学校教育のことであり、保育とは保育所保育のことであるとの規定は本来であればおかしいといえるでしょうが、現行法から考えると当然のこととも解釈できるでしょう。2017年度新たに改訂された幼保連携型認定こども園教育・保育要領（以下、こども園要領）では「教育・保育要領」という名称はそのまま使われており、教育と保育が並存していることを示唆しています。しかも、これは名称だけではなく、子どもに関わる保育実践における課題を考えるときにも用いられています。現在2つの文脈が並存していると言えます。世界的に2つの文脈の統合が課題と言えるでしょう。

しかも、今回の改革が世界的に見てもきわめてユニークであり、どこの国もこうした試みをしていないともいえることは画期的なことです。例えば、外国の場合ではどうなのでしょうか。山内（2010）によると、

イギリスやニュージーランドは「教育系省一元化タイプ」、デンマークやフィンランドのような「福祉系省一元化タイプ」、ドイツやアメリカ、日本などの「並存二元化タイプ」と分けて説明[1]しており、泉（2017）によれば、就学前タイプと生活基盤タイプというわけ方で一体化の試行がされている[2]といわれています。しかし、前者は監督行政を主に念頭においたものではあり、後者は主に保育内容を念頭においたものですが、教育と福祉の機能の統合が実現したとはいえないのが実情です。ただし、幼保一元化を実現してきた旧社会主義国（とそれを引き継いだ国）の例はありますが、福祉機能と教育機能の統合に向うというのはなお今後の課題であり、今後多様な取り組みの展開に待たなければならないでしょう。

その意味では、一歩、一体化の道を前に進めたということもできますが、今回の制度改革でのこども園の存在が、幼保一体化の実現であると言えないのは、歴史的・社会的な課題を抱えているからであるでしょう。

そこで、今回の改革で一体化の視点から言えば何が改革されたのか、何が改革されていないのかを考える必要があり、その検討のためには理論的な整理が必要であると考えられます。まず、前者の課題を考えてみることにしましょう。

③ 新制度が実現した並存は共用化・一体化・一元化？

現状をどうすればいいのかを考えると二つの機能を統合する視点を持ちつつも「並存状態である」ことを直視するのが出発点であると考えられます。つまり、ムードで幼保一体化の方向に向っているとの声がありますが事実はどうなっているのか考える必要があるということです。

このことの検証のためには、まず、一体化の概念が多様な内容を含んでいることを認め整理する必要があるでしょう。というのは、新制度において「一体化」の概念を使っていることが少なくないのですが、一体化の概念を使うまで紆余曲折があった歴史背景にも目を向ける必要があるからです。

1960年前後には「一元化」の言葉が使われてきました。また、こども園の議論の初期には「共用化」の概念が使われ、その後「一体化」の概念が使われている経緯があります。このように、幼保の統合を示す言葉の違いがこども園の違いと連動していると考えることも可能でしょう。詳細な議論は置くとしても、共用化・一体化・一元化の3つの概念が使われてきた為、この概念の整理が必要です。共用化は保育所保育と幼稚園教育の施設・設備の共用を意味すると考えることも可能であり、一元化は児童福祉の機能を持つ保育所保育と教育（学校教育）の機能を持つ幼稚園教育の二つの機能の統合ということが可能でしょう。他方、一体化は共用化と一元化の間にある概念であり、実は、広い意味合いを含むようになっています。一体化というのは単なる共用化でもなく、又、幼保一元化でもない過渡的に必要な概念であると考えることもでき

---

[1] 山内紀幸「日本における幼児教育・保育改革―２０００年代を中心とする「幼保一元化」議論―」研究年報社会科学研究，30，2010
[2] 泉　千勢『なぜ世界の幼児教育・保育を学ぶのか』ミネルヴァ書房，2017

ます。

　幼保一元化は、児童福祉を中心とした福祉の発想を土台とした保育所保育と家庭での養育を前提としたうえで幼児期から学校教育を提供する幼稚園教育の機能を統合することであると理解されます。一元化がそう簡単に実現することはありえないのは、この2つの機能の社会的・歴史的文脈が異なるからでしょう。こども園で二つの機能が統合できると考えている人もいますが、その社会的・歴史的文脈の違いは重くのしかかっています。だからこそ、今回の一体化の議論は重要なのです。共用化はもともと幼保へ依存状態を前提としており、一体化は幼保一元化の発想を含んでいるがやはり並存状態であるといえるのではないでしょうか。この意味において新制度が「並存状態」で一元化とは質的に異なることを認めておく必要があるでしょう。

2、並存状態の故に提起される問題

① 基本概念も並存状態

　並存状態を認めるといろいろな課題が見えてきます。その端的な表れが用語の問題です。こども園要領で「教育・保育」と並べて使っていることにも現れています。また保育士・幼稚園教諭という職業名においても二つを並べた形になっていることにも現れています。同じことは子どもたちが保育を受ける部屋は保育室なのか、それとも教室なのかという場合にも起こり得ています。これらの議論は最終的には保育は何か、教育とは何かをどう定義づけその関連をどう見るかの理論上の課題を持つことになると言えるのです。

② 並存状態における実践的課題

　保育の現場においては並存状態であるためにその具体的な解決を必要とします。

　一つは、行政上の課題です。入所基準で保育所は従来「保育に欠ける」規定を使っていましたが、「保育に欠ける」規定に当てはまる子どもは社会の責任として保育を受ける権利を認めることとし、保育を提供することは行政の責任であることを認めることが前提となっています。実際には、就労証明がある場合とそうでない場合の区別が大きな要因となっていますが、この意味では、こども園要領では「保育を必要とする」子どもに保育を提供することを提案していることは一歩前進であると言えるでしょう。ただし、その場合に「保育を受ける」のか「教育を受ける」のかという問題はあるために、さらに複雑な行政的位置づけを必要としています。保育所保育指針での「保育」と単独表記されるものと、こども園要領の「教育及び保育」と表記されるものは別で捉えられているという点も行政上の異なる施設として扱われる為に生じたものと言えるでしょう。

　二つは、保育時間の違いをどう運営するかの問題を考える必要があることです。同じクラスに短時間保育児と長時間保育児がいることも想定される現状があります。保育の開始時間が家庭の事情でいろいろな場合も想定されることになります。同じ園にいく場合でも、ある子どもは4時間で昼食を食べないで帰宅という子どもがおり、ある子どもは、登園は他の子と一緒だけども夕方6時までいるという状況があるということが現実的には起こり得ます。親の都合はともかく、子どもは共有の時間である朝

の4時間は同じ保育であるということは自然なことであるはずです。その共有の時間は「教育時間」なのか「保育時間」なのかも重要な議論を必要とします。更に、保育するのは保育所の保育士なのか、幼稚園教諭なのか、という点もあるでしょう。あるいは、一体化の発想を持つこども園の乳児保育は旧来のままでよいのかどうかも検討する必要があります。つまり、こども園の実際はいろいろな整理を必要とする状況であると言わざるを得ません。

　三つに、この違いは指導計画の編成の問題と直結しているということです。保育指導計画は保育と教育で各々作成する必要があるのか、また、各々作成している場合にどう統合することが必要であると考えるのか、など並存しているだけに解決する問題がたちまち出てくることになります。大きな保育施設では二つの機能を並存させることが多いと推察されます。言わば、保育所と幼稚園が「共用化」状態です。しかし、その場合でも、教育機能と福祉機能の違いは解決しておかないと別々の保育をすることになっている場合も、現実には起こっている、と言えるのではないでしょうか。

③　並存状態で解決を求められるこども園

　以上のことから、こども園は幼保一体化施設として多くの問題を解決する必要があると思われます。すなわち、こども園は「共用化」を実現し部分的に幼保一元化の方向へと進んでいることは事実であると認められるでしょう。その中で、いろいろな難しい課題を残しつつも、まずは、空間的場所的な共用化の可能性、人的な共用化（人事の交流）などが、進行しているといえます。この共用化は、更に保育内容の共用化に進むのかどうかが議論の焦点となります。小規模のこども園では実際上の必要から保育内容の共用化をせざるを得ない状況が生まれています。こうした実際上の必要性もありますが、一体化の視点からどのような保育であるべきかを検討する必要性があるでしょう。

　以上のことから、さまざまな課題はありますが、共有化をひとつの契機としながら、幼稚園にはない保育所の良さを確かめること、又、保育所にない幼稚園の良さを確かめる必要に迫っていくことが可能なのではないでしょうか。つまり、一体化の議論が結果として幼保の共用化・平均化する議論で終わらず、新たな地平を切り開くものでありたいと考えるのです。

3、並存状態のこども園の方向を考える

① 　共用化は一体化につながる

　並存状態を承認するということはこども園の運営・保育実践に大きな問題があることを示しています。特に、重要な問題は、並存状態だから保育内容は別々のものと考えるのかどうかを考える際には、どうしても現場での工夫が求められます。その工夫は二つの問題をどう整理するかにかかっていると整理できるでしょう。

　一つは、改めて保育・教育とは何かを問う問題です。こども園要領は現行法体系の視点から、教育・保育と並べているのは止むを得ないとも言えます。しかし、保育内容上の一体化を実現するためには並存ではなく本質的な問いが必要であることも重要

です。
　もう一つの問題は、保育内容を一体化するというのはどういうことかのイメージをしっかり持つ必要があるということです。多くのところ実際には、保育所を主体とするこども園では従来の保育内容であり、幼稚園主体とするこども園では従来の幼稚園教育の内容を採用しようとする園が少なくないのではないでしょうか。上記の並存状態を認める議論から言えばそれでよいとも言えます。しかし、実際には、いろいろな状況で保育内容の整理は必要であるのは、二本立ての保育内容を準備するのかという実際的な必要性も検証する必要性があります。つまり、何らかの一体化を想定した議論が必要なのです。
　以上のように問題はいろいろ残っていますが、二つの機能の並存状態があるとしても、その統合の視点は明白にしておかないと保育内容を検討することが難しいということになります。
　そして、これらの解決は基本的に平均値を取ったり、足して2で割ったりする、という方向ではなく、「保育所保育の積極面」と「幼稚園教育の積極面」をしっかり確認することが重要であると考えられます。すなわち、二つの機能の何らかの統合を目指していくという場合に、二つの間には埋めがたい溝があることを確認することを前提としているのです。特に、機能としてみた場合に児童福祉の機能を持つ保育所と学校教育の機能を持つ幼稚園の統合は理論上・実践上も二つの機能を合わせればよいという問題ではないと言えるでしょう。

② 保育内容から見た一体化の3つの検討課題

　以上の歴史的・制度的・行政的にみると、教育・保育と並べて示しているこども園要領はやむをえない面があります。これを整理するためにどのような整理が必要なのでしょうか？
　第1に、保育・教育概念を改めて検討することが必要でしょう。周知のとおり、学校教育法では幼稚園においても「保育する」と規定されているので「保育」するに集約してもよいのではないかとも考えられます。このように考えると、策定された当時のこども園要領は幼稚園教育の方向をベースにしていると言っても過言ではないでしょう。例えば、教育・保育の基本として4つを掲げていますが、3つは幼稚園教育要領のままであり、「園児一人一人が安心感と信頼感を持っていろいろな活動取り組む体験」の積み重ねを付け加えているに過ぎないことからも明白です。又、保育時間についていえば、こども園の「1日に関わる<u>教育時間</u>は4時間とする」とし、「保育を必要とする子どもに該当する園児に対する教育及び保育の時間は8時間とする」とあります。こども園の子どもたちの保育・教育が4時間というのなら分かりますが、教育に限定している表記がないのは、現行法制の制約の中での苦肉の策として「教育及び保育」という文言を使っていると指摘されて当然なのかもしれません。これ以外にもいろいろな指摘可能ですが、保育所保育とつじつま合わせをしたと認めざるを得ない部分が多いと言えます。
　第2には、保育所での保育と幼稚園の教育が並存していると指摘してきましたが、

その並存状態を積極的に認める立場、つまり、保育所は児童福祉施設としての良さをもっていることを認め、又、幼稚園は学校教育としての良さを持っていることを認めることを出発点とすることも考慮する発想もあるということです。この発想から、積極的に両者の肯定面をどう評価するかを検討する必要があるのではないでしょうか。

その議論の際に、3歳児以上はおおむね幼稚園教育要領の視点に立っていることに注意を払いたいものです。具体的には、保育所保育における3歳児以上の保育の積極面を意識し認める発想はなかったのか、という視点に改めて目を向けても良いと言えるのです。

さらに、第3には、教育の視点から見た乳児保育のあり方を自治体・こども園ごとに検討する必要があります。この検討が重要なのは、乳児保育は従来子守的保育の代表のように見られてきた歴史がありますが、今日乳児保育こそ保育の原点であるとすれば、乳児における教育の論理はこうだよ、と示すことは特に重要であると考えられます。乳児にこそ教育の論理をという視点を持ちたいものです。ただその意味でも、教育＝学校教育という論理は問い直す必要があるのではないでしょうか。

4、本書の内容

2015年11月14日に大阪総合保育大学創立10周年記念として総合保育研究所と共同開催したシンポジウムにおいて、渡邉英則先生（ゆうゆうのもり幼保園）を中心にして、保育所の側から宮上吉史先生（認定こども園たかさきこども園）、幼稚園の側から北川定行先生（認定こども園神童幼稚園）が問題提起をしてくださいましたことが本書の出版の契機となっています。その問題提起を受けて、次の3部構成で整理をしたものが本書です。

第Ⅰ部では、こども園創設に関わってきて実際に起こっている保育所・幼稚園における問題を取り上げています。そこでは、一体化といっても保育現場ではどのような溝があるのかを検討しています。ここでは、保育所現場・幼稚園現場から二つの機能の統合のためには多くの課題があることを示し保育所と幼稚園にある溝を考察しています。

第Ⅱ部では、二つの機能を保育内容において統合するための原理を検討しています。原理的に幼稚園と保育所の一体的運営を問う場合に、教育と保育概念の一体的理解が必要であることを踏まえ、保育・教育の語源的意味を改めて整理すること、乳児保育の場合に教育・保育はどうなるのかも整理する必要を述べています。保育と教育の一体的理解は、かなり難しい課題です。事実、保育は保育所の保育内容であり、教育は幼稚園の保育内容であるとしているのが現行の要領であるので、保育現場における一体的運営の際に改めて保育現場での議論が必要であると言えるでしょう。

第Ⅲ部では、では、その一体化の姿としてどのような整理が必要であるかを、事例を通して検討しています。具体的には、遊びの質的展開をとおして保育所・幼稚園の実践を統合していこうとする渡邉氏の実践、教育概念を幼稚園的に理解して保育所保育の中にも位置づけた市の実践、全ての園をこども園にしてその課題を整理した市の実

践などを検討しています。

　こうした本書の内容を見れば、制度が変わって時間がたってしまったから、あるいは、自分のところは関係ないとか、こども園ではないから統合の議論は必要ではないというのは正しくないことがわかっていただけるでしょう。つまり、いかに統合していくのかが日々問われることになるのが保育現場なのです。そこでは、第Ⅱ部で示した保育とは何かという根底の議論が必要であるかもしれませんし、カリキュラムマネジメントとして第Ⅲ部で示した「編成論」が必要になるかもしれません。そのためにも、改めて第Ⅰ部を参照しつつ現時点で置かれている施設の現状理解を研ぎ澄ましておく必要があります。

　ともあれ、統合の課題は今始まっているのです。

　ただ、本書の作成時期に要領等の改訂が行われた為、最新の情報を基にした議論が十分でない点と、分担執筆における協力的な著作の為、論旨の統一や若干のニュアンスの違いが混在している点を、お含み置き頂ければ有難いと存じます。

　　　　　（文責　玉置哲淳・東城大輔）

第Ⅰ部

保育概念の再構築の必要性とその課題

1章　こども園における課題の整理

1、こども園を取り巻く現状

① こども園の基本概要

　日本国内において、就学前の子どもたちを保育する代表的な施設として、保育所と幼稚園があります。ただし、保育する場という共通項はありますが、歴史的・社会的位置づけが異なり、また、それぞれ所管が違うことによる制度の差異、法令や対象となる子ども、保育時間やそこで働く保育者など、さまざまな違いを有しているのが現状です。

　この両制度に関しては、かねてから一元化を求める声はあったものの、一方の制度に無理やり押し込めるような一元化は難しく、難航してきた経緯があります。二元制度を前提とした共用化、一体的運営に関する方針、幼保両方の機能を果たす総合施設構想等さまざまな議論がなされてきました。そうした流れの中で、特に近年においては、少子化や待機児童の問題、子育てについて不安や負担を感じている保護者の方への支援不足など多くの今日的課題が出てきました。それらに柔軟に対応するため、保育所と幼稚園が別々に併存されている中では難しいことも多く、環境の変化を受け、就学前の教育・保育ニーズに対応する新たな選択肢「認定こども園」が2006年10月からスタートしたのです。幼稚園と保育所という併存の見直しと再編が行なわれたことは、いまだ数多くの課題はありますが、保育においての長い歴史の中で、大きな改革であると言えるでしょう。

　こども園の概要は、教育・保育を一体的に行なう施設で、いわば幼稚園と保育所の両方の良さを併せ持っている施設を指します。就学前の子どもに幼児教育・保育を提供する機能、地域における子育てを支援する機能を備え、認定基準を満たす施設は、都道府県等から認定を受けることが出来ることとなっています。また認定を受けたこども園は、内閣府によると次のような支援を行うこととなっています。一つは「保護者が働いている、いないにかかわらず利用可能」ということ、二つ目は「集団活動、異年齢交流に大切な子ども集団を保ち、すこやかな育ちを支援」するということ、三つ目は「子育て相談等を実施し、地域の子育て家庭を支援」するということが示されています。なお、地域の実情や保護者のニーズに応じて選択が可能となるよう「幼保連携型」「幼稚園型」「保育所型」「地方裁量型」と多様なタイプが存在しています。ただし、認定こども園法の改正により、2015年より幼保連携型認定こども園については「学校及び児童福祉施設としての法的位置づけをもつ単一施設」として位置づけられました。その設置主体は、国、自治体、学校法人、社会福祉法人となります。

② 子ども・子育て支援新制度について

　政府は、こども園を制度的に整理すべく2012年8月に「子ども・子育て支援法」、「認定こども園法の一部改正」、「子ども・

子育て支援法及び認定こども園法の一部改正法の施行に伴う関係法律の整備等に関する法律」の子ども・子育て関連3法を成立させました。それに基づく制度が新制度と呼ばれるもので、2015年から本格実施されています。内閣府は具体的に以下の7つのポイントを挙げており、それらは「1.認定こども園、幼稚園、保育所を通じた共通の給付（「施設型給付」）及び小規模保育等への給付（「地域型保育給付」）の創設」「2.認定こども園制度の改善（幼保連携型認定こども園の改善等）」「3.地域の実情に応じた子ども・子育て支援（利用者支援、地域子育て支援拠点、放課後児童クラブなどの地域子ども・子育て支援事業）の充実」「4.基礎自治体（市町村）が実施主体」「5.社会全体による費用負担」「6.政府の推進体制」「7.子ども・子育て会議の設置」となっています（表1-1参照）。

表1-1 「子ども・子育て支援新制度」のポイント

①認定こども園、幼稚園、保育所を通じた共通の給付（「施設型給付」）及び小規模保育等への給付（「地域型保育給付」）の創設	・地域型保育給付は、都市部における待機児童解消とともに、子どもの数が減少傾向にある地域における保育機能の確保に対応
②認定こども園制度の改善（幼保連携型認定こども園の改善等）	・幼保連携型認定こども園について、認可・指導監督を一本化し、学校及び児童福祉施設として法的に位置づけ ・認定こども園の財政措置を「施設型給付」に一本化
③地域の実情に応じた子ども・子育て支援（利用者支援、地域子育て支援拠点、放課後児童クラブなどの「地域子ども・子育て支援事業」）の充実	・教育保育施設を利用する子どもの家庭だけでなく、在宅の子育て家庭を含むすべての家庭及び子どもを対象とする事業として、市町村が地域の実情に応じて実施
④基礎自治体（市町村）が実施主体	・市町村は地域のニーズに基づき計画を策定、給付・事業を実施 ・国・都道府県は実施主体の市町村を重層的に支援
⑤社会全体による費用負担	・消費税率の引き上げによる、国及び地方の恒久財源の確保を前提
⑥政府の推進体制	・制度ごとにバラバラな政府の推進体制の整備（内閣府に子ども・子育て本部を設置）
⑦子ども・子育て会議の設置	・有識者、地方公共団体、事業主代表・労働者代表、子育て当事者、子育て支援当事者等が、子育て支援の政策プロセスなどに参画・関与することができる仕組みとして、国に子ども・子育て会議を設置 ・市町村等の合議制機関（地方版子ども・子育て会議）の設置を努力義務

※内閣府「よくわかる「子ども・子育て支援新制度」」
http://www8.cao.go.jp/shoushi/shinseido/sukusuku.html より

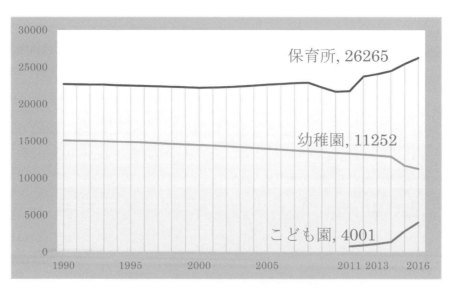

図 1-1　保育所・幼稚園・こども園数の推移

※保育所数については厚生労働省「社会福祉施設等調査報告書」、幼稚園数については文部科学省「学校基本調査」、こども園数については「内閣府子ども・子育て本部認定こども園の数について（平成 29 年 4 月 1 日現在）」を参照とした。

③　こども園の普及状況

　1990 年以降の幼稚園・保育所・認定こども園の施設数の推移を示したものが図 1-1 です。幼稚園・保育所については、1960 年〜70 年代に急増する時期を経て、微増微減を繰り返してきました。2012 年に子ども・子育て支援新制度が整備されたことにより、もちろん地域的なバラつきはあるものの、こども園の数は増加しています。それを受けて、近年では保育所の数は微増傾向にあるものの、幼稚園数が微減傾向にあります。今後の推移については、この新制度に伴うこども園の普及度合いによって大きく様変わりしていくことが予想されます。こども園の数は、当初 762 園だったものの、2016 年（平成 28 年）4 月においては、4001 園となり、前年度と比較すると 1.4 倍近く増えました（内閣府子ども・子育て本部発表 2016 年 6 月 6 日）。今後も増加傾向が見られると予想することができます。

2、こども園における課題

①　制度からみえる課題

　新制度がはじまったことにより、保育界に新しい風が吹こうとしています。このことは歴史的にも大きな改革ですが、そこに立ちはだかる課題も多いと言えるでしょう。一元化を追及していく流れのはずなのですが、結局は日本の保育・幼児教育機関が内閣府と文部科学省と厚生労働省の三元化となってしまっている現状があり、統合していくのではなく、むしろ複雑化していると言えるかもしれません。

　保育・幼児教育に関する政府審議会・調査研究会等の座長等を多く務めている無藤

隆によると大きな制度改革には6つの制約があると述べ、さらに「最適解は望めない」と述べています[3]。無藤の言う6つの制約とはそれぞれ、経路制約、当事者制約、財政制約、法規制約、実践制約、途中制約です。経路制約とは、今の制度に行き着くまでの幼稚園・保育所のそれぞれの経緯や歴史的背景の違いを指し、だからこそ簡単に同じ路線を走りましょう、とはならないことを意味しています。当事者制約とは、改革に参与する有識者も含めた多くの人が絡むことを指し、それも制約となっていると言及しています。財政制約とは、まさに財政難の最中での、金銭がかかる改革を進めようとしていることを指し、またその財源は単純に増やせるものでもない制約があるということを示します。法規制約とは、改革に伴う法整備の煩雑さと時間がかかることを指しています。実践制約は、結局はどれだか制度が変わっても、そこで子どもたちと向き合う実践者次第である、ということに帰結することを指しています。そこで考えなくてはいけないのが保育の質の向上、なのであろうということも言及されました。最後に途中制約とは、進み始めているこの改革はストップすることのできない進み始めた船であることを指し、いきなりの変更などはかえって混乱を招くと警鐘を鳴らしています。無藤はこのことについては、大きな巨大タンカーを動かしている、という例えで表現しています。急にストップしたり、方向転換したりする行為ではなく、ゆっくりと回り道のように思えても、徐々にその方向性に向かって舵を切って進んでいく、そうした方向性を大事にするべきであることが述べられています。

今後どのように整理されていくのか、もしくは整理されずに併存していくのか、しっかりと考えて、方向性をもって改革を進めていく必要があると言えるでしょう。

② 保育内容からみえる課題

上記で述べた、こども園の制度の上の複雑さだけではなく、保育の様相が非常に多様であるが故に、こども園における内容面においても、特に現場では数多くの課題を抱えていることも忘れてはなりません。

下里・石野（2015）は、こども園における多様性をどのように工夫すれば良いのか、在園時間の違う子どもへの対応について焦点を当てて考察[4]しています。その中で、こども園要領に記載されている「園児一人ひとりの状況に応じ、教育及び保育の内容やその展開について工夫をする」ということが最も重要な課題であったと述べています。その課題の内容としては、子どもの経験の違い、登降園時間の違い、職員の勤務時間の違い、長期休暇の有無の違い、気象警報の対応の違い、感染症の対応の違いなどが挙げられています。こども園の多くは、その前身が幼稚園もしくは保育所であることを考えると、やはりその文化の違い、そして歩んできた歴史の違いからも、単純にどちらかの方法を選択すれば良い、ということにはならない難しさを抱えていることが浮き彫りになっています。保育内容に留ま

---

[3] 日本保育学会第69回大会における教育講演（「保育の質の向上を目指す新制度とは」2016年5月7日）の中で述べられている。

[4] 下里里枝・石野秀明「認定こども園における多様性を活かした保育の工夫Ⅰ」日本保育学会第68回大会、2015

らず、そこで働く保育者の職業観にまで及ぶこの課題は、どれも工夫という言葉により、現場に突きつけられている課題であるのは明白と言えるかもしれません。下里・石野（2015）が、幼保が一体となることでの保育者にとってのデメリットを調査した研究5によると「保育時間の延長と保育期間の拡大により保育準備や職員がそろっての会議がもちにくい」ことが挙げられています。保育者の働き方の多様さは、保育の内容や子ども理解に関わる会議などの時間を奪ってしまう危険性も孕んでいるということについては無視できないと言えるでしょう。

赤木ら（2015）は、さまざまな問題を抱えつつも子どもの最善の利益を考慮した地道な取り組みが各施設で行われている6とし、その保育内容の在り方について述べています。その中には、裸足で生活する保育所児と、下靴と上靴を履き替える幼稚園児の生活習慣の違いに触れ、小学校入学後の生活環境を見通した時にどうなのか、と危惧している点も注目できるでしょう。併せて、ハンカチを常備している生活と、吊るして使用している等の習慣の違いも挙げ、細やかな違いが子どもに負荷をかけ兼ねないと述べられています。実は、こうした幼稚園と保育所の生活の違いが見えるのも課題ではありますが、今後のこども園の未来を考えるきっかけにもなり得ているとも捉

えられます。違うからこそ、ではどうしたら良いのかという議論が生まれると言えるのではないでしょうか。そこで得られた現場での地道な発見や工夫が、少なくとも就学後の姿を支える視点として、幼稚園児であれ保育所児であれ、共通認識される議論が活発におきるべきであると思われます。今の園での生活をいかに過ごすか、だけに重点を置くのではなく、就学後の子ども自身の姿も見据えること、そして生活の主体である子ども自身がどう成長していくのかという視点を見失ってはいけないと言えるでしょう。

③ クラス編成等における課題

こども園要領の総則に記される特に配慮すべき事項には、入園した年齢により集団生活の経験年齢が異なる園児がいることを配慮しつつ、0歳から小学校就学までの教育及び保育を園児の発達の連続性を考慮して展開することとあります。また、園児の1日の生活の連続性及びリズムの多様性や保護者の生活形態を反映した園児の在園時間の長短、入園時期や登園日数の違いを踏まえ、園児一人ひとりの状況に応じて教育及び保育の内容やその展開を工夫することなどが挙げられています。

ここで大きな課題となるのが、短時間保育の園児と、長時間保育の園児のクラス編成の問題です。太田・山下（2014）の現場の保育士の調査において、同じクラスの中に早く帰る子どもが半数いるなどの状況が、残る子どもたちにとってどうなのか、という危惧が語られています7。ここでも工夫と

---

5 下里里枝・石野秀明「保育者は幼保一体化のメリットとデメリットをいかに意識しているか－全国の認定こども園に対する調査⺼基礎的な分析－」兵庫教育大学学校教育研究センター紀要 26, 7-16、2014
6 赤木公子 他「幼保一体化実施での子どもの自立に向けた保育内容に関する一考察」日本保育学会第68回大会、2015

7 太田光洋・山下文一「認定こども園における教育・保育の計画に関する研究1－幼保一体化施設

いう言葉により、現場に突きつけられている課題なのですが、それぞれの施設での挑戦や試行錯誤が懸命に行われている事例も数多くあります。そうした現場の努力している工夫や、現場の知恵とも言える一つひとつの事例が、こども園としての方策として多くの園でシェアされる機会を増やすことも急務の課題と言えるでしょう。また、それぞれの工夫された事例に関しては、本書の別章でも詳しく述べられているのでぜひ参考にしてほしいと思います。

④　こども園の課題の整理

　以上のことから、こども園においては、制度面の課題、そして保育内容やクラス編成に関わる運営上の課題などが浮かび上がってきます。制度面の課題については、昨今徐々に改善され、法律ができた当初の混乱は落ち着いてきているように見受けられます。ただ、内容においては、現場の創意工夫に委ねられているといえる現状もあります。規模の違い、市町村の財源の違い、地域の保育ニーズ特性などなど、一つの方向には絞れない現状においては、それこそが課題となっているともいえます。ただし忘れてはいけないのが、これからの乳幼児教育を担う施設として、幼保一体化施設としての役割を果たしながら向上していく為に、という視点です。その為には、こうした多くの問題に真摯に向き合い、解決する必要があると必要性を感じながら取り組むことが先決であると言えるでしょう。『序』でも述べた通り、こども園が「共用化」を実現し部分的に幼保一元化の方向へと進んでいることを認めつつ、その中で、空間の共有化を意識しなくてはならないはずです。それは場所的な共用化の可能性ともいえます。その一方で、人的な共用化（人事の交流）などを考えていく必要性が挙げられます。そして共用化は、更に保育内容の共用化に進むことで、より深化していくものと言えるのではないでしょうか。

　共有化はあくまでもひとつの契機であると捉えたいものです。そこから、幼稚園にはない保育所の良さを確かめること、又、保育所にない幼稚園の良さを確かめる必要に迫っていくこと、その方向性をはっきりとさせる為には、こうした課題の整理が重要な鍵となるはずです。

3、こども園要領の考える保育の方向

① 平成26年告示のこども園要領の構成

　こども園要領は2015年（平成26年）4月30日に告示されました。「幼保連携型認定こども園」が単一の施設として明確になったことに伴い、国としてガイドラインが示されたものです。その内容について、考えてみましょう。その中身の構成は3つの章から為り、「総則」「ねらい及び内容並びに配慮事項」「指導計画作成に当たって配慮すべき事項」と構成されています。基本的には、幼稚園でもあり保育所でもある施設である為、幼稚園教育要領と保育所保育指針が合わさったものとして捉えられています。しかしながら、幼稚園相当の子どもと保育所相当の子どもが交じって存在するからこそ特有の事柄として示されている配慮事項も記されていることが特徴でもある点は注意が必要です。生活リズムが違う子ど

における実践上の課題からの検討－」日本保育学会第68回大会、2014

もたちの生活の連続性も確保する配慮が必要であることも言及されています。また生命の保持と情緒の安定を指す養護の観点も大切なことである、と総則に位置づけられていることも特徴です。

　概要については、解説書にその基本的な考え方が次のように示されています。

　1つ目は「幼稚園教育要領及び保育所保育指針との整合性の確保」です。幼稚園教育要領及び保育所保育指針において、環境を通して行う教育及び保育が基本とされていることを踏まえ、こども園においても環境を通して教育及び保育を行うことを基本としたこと、そして教育及び保育のねらいや内容等については、健康、人間関係、環境、言葉、表現の五つの領域から構成するものとしたことと述べられています。

　2つ目は「小学校教育との円滑な接続に配慮」です。こども園における教育及び保育が、小学校以降の生活や学習の基盤の育成につながることに配慮し、乳幼児期にふさわしい生活を通して、創造的な思考や主体的な生活態度などの基礎を培うようにしたこと、そして幼保連携型認定こども園の園児と小学校の児童の交流の機会を設けたり、小学校の教師との意見交換や合同の研究の機会を設けたりするなど連携を通じた質の向上を図るものとしたことが述べられています。

　3つ目は「幼保連携型認定こども園として特に配慮すべき事項の明示」です。0歳から小学校就学前までの一貫した教育及び保育を園児の発達連続性を考慮して展開していくものとしたことに加え、園児の一日の生活の連続性及びリズムの多様性に配慮するとともに、保護者の生活形態を反映した園児の在園時間の長短、入園時期や登園日数の違いを踏まえ、園児一人一人の状況に応じ、教育及び保育の内容やその展開について工夫をするものとしたことが述べられています。特に、入園及び年度当初は、生活の仕方やリズムに十分に配慮するものとしたことも言及されている点も見逃してはいけません。

②　平成29年告示のこども園要領の構成

　2017年（平成29年）に新たなこども園要領が告示されました。これまでの改訂と異なる注目すべき点としては、幼稚園教育要領と保育所保育指針と、この幼保連携型認定こども園教育・保育要領の3つが同時に改訂されたことと言えます。これまでの保育の基本とされてきた環境を通して行う保育や、5領域の考え方などは大きく変わってはいませんが、就学前の施設として共通化が図られ、幼児教育を行う施設としての位置づけが明記されたことは重要な変更と言えるでしょう。中身の構成は4つの章から為り、「総則」「ねらい及び内容並びに配慮事項」「健康の及び安全」「子育ての支援」と構成されています。前回の策定時の考え方を踏襲し、幼稚園教育要領と保育所保育指針が合わさったものとして捉えられている記され方は前回と同様の特徴として捉えることができます。内容や押さえておきたいポイントなどのより詳しい理解は解説書を参考にして頂ければ良いでしょう。

③　こども園要領の内容について

　では、ここでは改訂前のこども園要領の内容について見てみましょう。こども園要領の中で特徴的な内容としては、「・・・家

表 1-2　教育と保育の解釈について

	幼稚園教育要領	保育所保育指針	こども園要領
「教育」の解釈	義務教育及びその後の教育の基礎を培う目的を実現するため行われること（学校教育法第22条、第23条）	発達の援助	学校で行われるもの（教育基本法第6条第1項に規定）
	●幼児期における教育は，生涯にわたる人格形成の基礎を培う重要なもの…幼稚園教育は，学校教育法第22条に規定する目的を達成するため，幼児期の特性を踏まえ，環境を通して行うもの…（第1章総則　第1 幼稚園教育の基本）	●…「教育」とは、子どもが健やかに成長し、その活動が豊かに展開されるための発達の援助…（第3章 保育の内容）	※幼稚園教育要領と同じ ※対象は3歳以上の子ども ※標準時間は4時間
「保育」の解釈	教育と一定の養護とが一体的に提供	家庭において保育を受けることが一時的に困難となった乳児又は幼児について一時的に預かり、必要な保護を行う事業（児童福祉法第6条の3第7項に規定）	児童福祉法第6条の3第7項に規定する（認定こども園法第2条第8項）
	●幼稚園教育要領には保育という直接的な文言は使用されないが、学校教育法上、幼児を保育することは、適当な環境を与え、その心身の発達を助長することを目的としている、との考え方に立っている[8]。	●…環境を通して、養護及び教育を一体的に行うこと（第1章　総則）	※保育所保育指針と同じ ※対象は0～5歳児

庭や地域での生活を含め園児の生活全体が豊かなものとなるように・・・」と述べられています。園で過ごす時間だけではなく、大きく子どもの生活を捉える役割が示されていると言えます。解説書には「園児一人一人の潜在的な可能性は，日々の生活の中で出会う環境によって開かれ，環境との相互作用を通して具現化されていく」と述べられており、人としてこれから生きていくための基礎を培う重要な時期であり、またその場所であることを理解しておく必要があると言えます。

カリキュラムの呼び方について、幼稚園では教育課程、保育所では保育課程、がそれぞれ位置づけとして存在している点も押さえておきたいものです。こども園においてはそれらをあわせた「全体的な計画」としてカリキュラムを総称しており、こども園要領の中でもそのように扱われている特徴があります。

---

[8] 鈴木勲編著「逐条学校教育法（第5次改訂版）」

また、登園や降園の時間が異なる子どもたちが生活する中で、それぞれの子どものリズムや家庭の事情等は一人ひとりに応じるよう配慮することが述べられています。連続性の確保をしながら・・・ということについては、実際には連続して生活しない子どもたちをどのようにするのかということになり、どこのこども園でも苦労する事項でもあります。現場における各園での工夫や努力が重要と言わざるを得ないでしょう。

　もう一つ、「養護」が総則に記述されていることも大きな特徴と言えます。これは「養護」が、5領域＋1という位置づけではないことを強調するものであり、教育及び保育の土台として位置づけられていることを示しています。何よりも生命が安全に保たれること、そして体も心も安定した情緒であることが重要とされているのです。これは長時間の保育に適応されることではなく、また満3歳未満の保育でのみ大切にされている、ということでもないという点も忘れてはいけないでしょう。

　幼稚園教育要領や保育所保育指針と変わりはないこととしては、大きなねらいを捉える考え方です。ねらいを捉える観点は「心情・意欲・態度」としており、またそのねらいを達成する為の5領域の考え方も今までと幼稚園教育要領や保育所保育指針と大きな違いは無いと言えます。発達の過程と連続性に鑑みることも、教育と保育は概念として分けて表記していますが、現場での指導の際には密接につながっており、養護という土台の上に教育が展開している、と捉える視点であることも重要な点でしょう。

　保育所保育指針にある「子どもの発達」に関しては、こども園要領では全面的に省かれています。また、「職員の資質向上」についても、認定こども園法に資質向上について規定されていることも踏まえて、教育・保育要領では省かれています。ただしこの事については、園の運営や個々の保育の専門的な問題であるとは言え、重要視されなくてもいいというものではなく、保育者の資質向上に努めることなどは、教育基本法第9条に「法律に定める学校の教員は、自己の崇高な使命を深く自覚し、絶えず研究と修養に励み、その職責の遂行に努めなければならない」と記述されている通り、忘れてはいけないことでもあります。

4、要領と指針の比較

① それぞれの関係について

　こうしたこども園要領の作成の背景を理解しながら、その中でも記述されている用語の解釈の相違点を整理してみる（表1-2・表1-3・表1-4参照）と、その整合が図りにくい面や、現場に解釈が委ねられている面があるなどの乖離と整理が難しいと言わざるを得ない現場の保育者が困るような混乱も見えてきます。

② "教育"と"保育"の関係

　まず"教育"と"保育"という言葉の解釈です。幼稚園教育要領では"教育"は、"学校教育"と位置づけています。つまり、学校（学校教育法上の幼稚園を指す）で行われるものを教育と呼んでいるとされています。その前提の下に、「幼児期における教育は，生涯にわたる人格形成の基礎を培う重要なもの・・・幼稚園教育は，学校教育法第

22条に規定する目的を達成するため，幼児期の特性を踏まえ，環境を通して行うもの・・・（第1章総則　第1幼稚園教育の基本）」と記されているのです。一方、保育所保育指針では、"教育"は学校で行われるものといった解釈はなく「教育とは、子どもが健やかに成長し、その活動が豊かに展開されるための発達の援助である（第3章保育の内容）」と記されています。こども園要領では、認定こども園法により「・・・教育とは、教育基本法第6条第1項に規定する法律に定める学校において行われる・・・」と規定されたことに準じた扱いになっています。つまり解釈としては、幼稚園教育要領と同様に、学校で行われるもの（ただし、学校教育法には認定こども園の存在は触れられていない[9]）を教育と呼んでいます。

また"保育"という言葉については、幼稚園教育要領では直接的な文言として使用されていませんが、学校教育法では、幼児を保育することは、適当な環境を与え、その心身の発達を助長することを目的としている、との考え方に立っている為、教育と一定の養護とが一体的に提供されているものである[10]、と解釈できます。保育所保育指針では、児童福祉法第6条の3第7項に規定されているように、家庭において保育を受けることが一時的に困難となった乳児又は幼児について一時的に預かり、必要な保護を行う事業のことを"保育"と呼び、その見地から第1章総則において「・・・環境を通して、養護及び教育を一体的に行うこと」と位置づけています。こども園要領では、認定こども園法第2条第8項に、児童福祉法第6条の3第7項に規定すると記され、家庭において保育を受けることが一時的に困難となった乳児又は幼児について一時的に預かり、必要な保護を行う事業のことを"保育"と呼ぶ、という保育所保育指針同様の扱いであると言えるでしょう。

つまりこども園要領においては、教育標準時間である4時間を教育と呼んでいることが前提にありますので、それ以外の時間、例えば延長や早朝の時間は教育ではない、という解釈になってしまう誤解が生じるのです。その為か、こども園要領の中では「教育及び保育」という言い回しが多用されています。教育と保育を明確に区別したこと（表1-2においての実線と点線の違い）による矛盾を解消する為の策として解釈されるのも無理ないのかもしれません。

③　"養護"について

"養護"という言葉の解釈について見てみましょう。幼稚園教育要領では"養護"という言葉については、直接的な文言としては使用されていません。ただし第3章指導計画及び教育課程に係る教育時間の終了後等 に行う教育活動などの留意事項 2 特に留意する事項において「・・・情緒の安定を図り、遊びを通して状況に応じて機敏に自分の体を動かすことができるようにするとともに，危険な場所や事物などが分かり，安全についての理解を深めるように・・・」で生命の保持や健康にかかわることが記され、第1章総則第1幼稚園教育の基本では「・・・幼児は安定した情緒の下で・・・」で情緒の安

---

[9] このことについて山内は「「子ども・子育て支援新制度」がもたらす「保育」概念の瓦解（2014）」において、幼保連携型認定こども園を学校として法的に位置づけると言いながら学校教育法を改正して加えることを行わなかった点を、保育概念の回避なのではないか、と批判している。
[10] 鈴木勲編著「逐条学校教育法（第5次改訂版）」

定が記されています。保育所保育指針では、第3章保育において「子どもの生命の保持及び情緒の安定を図るために保育士等が行う援助やかかわり」と記されています。こども園要領では、第1章総則第3幼保連携型認定こども園として特に配慮すべき事項において「養護の行き届いた環境の下生命の保持や情緒の安定を図るため，幼保連携型認定こども園における教育及び保育を展開する」と記され、保育所保育指針同様、生命の保持と情緒の安定を"養護"というように基本的には解釈しています。

保育所は社会福祉の一環である性格をもった児童福祉施設ですが、幼稚園は学校教育機関です。そうした歴史的歩みの違いがこうして養護という表現を使った際の、微妙な解釈の差を生んでいると言えるでしょう。ただし、大きな意味では「生命の保持」と「情緒の安定」である、という捉え方が基本的な解釈として共通しているということは理解しておきたいものです。こども園要領においても、その統合が図られる解釈ができるように記載されています。

④ "指導"について

次に"指導"という言葉についてです。幼稚園教育要領では第1章総則第1節幼稚園教育の基本において「…遊びを通しての指導を中心として…」と述べられていることや、第3章指導計画及び教育課程に係る教育時間の終了後等 に行う教育活動などの留意事項第1指導計画の作成に当たっての留意事項に「…幼児が自ら意欲をもって環境とかかわることによりつくり出される具体的な活動を通して、その目標の達成を図るものである…ことを踏まえ，幼児期にふさわしい生活が展開され、適切な指導が行われるよう…調和のとれた組織的，発展

表1-3　養護の解釈について

	幼稚園教育要領	保育所保育指針	こども園要領
「養護」の解釈		「生命の保持」「情緒の安定」	「生命の保持」「情緒の安定」
	●幼稚園教育要領には養護という文言は使用されない。ただし、「…情緒の安定を図り，遊びを通して状況に応じて機敏に自分の体を動かすことができるようにするとともに，危険な場所や事物などが分かり，安全についての理解を深めるように…」（第3章 指導計画及び教育課程に係る教育時間の終了後等 に行う教育活動などの留意事項2 特に留意する事項）で生命の保持や健康にかかわることが記され、「…幼児は安定した情緒の下で…」（第1章総則 第1幼稚園教育の基本）で情緒の安定が記されている。	●子どもの生命の保持及び情緒の安定を図るために保育士等が行う援助やかかわり（第3章 保育の内容）	●養護の行き届いた環境の下生命の保持や情緒の安定を図るため，幼保連携型認定こども園における教育及び保育を展開する（第1章 総則 第3幼保連携型認定こども園として特に配慮すべき事項）

※保育所保育指針と同じ |

表 1-4 指導の解釈について

	幼稚園教育要領	保育所保育指針	こども園要領
「指導」の解釈	環境の構成や子どもの活動が豊かになるように援助すること（遊びを通して） ●…幼児が自ら意欲をもって環境とかかわることによりつくり出される具体的な活動を通して，その目標の達成を図るものである…ことを踏まえ，幼児期にふさわしい生活が展開され，適切な指導が行われるよう…調和のとれた組織的，発展的な指導計画を作成し，幼児の活動に沿った柔軟な指導を行わなければならない。（第3章 指導計画及び教育課程に係る教育時間の終了後等 に行う教育活動などの留意事項 第1 指導計画の作成に当たっての留意事項）	保育課程に基づいた保育が適切に展開される計画を支えるもの ●保育所保育指針には指導という文言について具体的説明はないが，「…保育課程に基づき，子どもの生活や発達を見通した長期的な指導計画と，それに関連しながら，より具体的な子どもの日々の生活に即した短期的な指導計画を作成して，保育が適切に展開されるように…」（第4章 保育の計画及び評価 1 保育の計画）と記されている。	環境の構成や子どもの活動が豊かになるように援助すること（遊びを通して） ●園生活全体を通して園児の発達の実情を把握して園児一人一人の特性や発達の課題を捉え，園児の行動や発見，努力，工夫，感動などを温かく受け止めて認めたり，共感したり，励ましたりして心を通わせ，園生活の流れや発達などに即した具体的なねらいや内容にふさわしい環境をつくり出し，園児の展開する活動に対して必要な助言・指示・承認・共感・励ましなど（第1章幼保連携型認定こども園における教育及び保育の基本及び目標…解説書より） ※幼稚園教育要領と同じ

的な指導計画を作成し，幼児の活動に沿った柔軟な指導を行わなければならない。」と記され，"指導"とは，遊びを通して環境の構成や子どもの活動が豊かになるように援助することである，と解釈できます。保育所保育指針では，第3章保育においては指導についての直接的な文言説明はありません。ただし，第4章保育の計画及び評価 1 保育の計画において「…保育課程に基づき，子どもの生活や発達を見通した長期的な指導計画と，それに関連しながら，より具体的な子どもの日々の生活に即した短期的な指導計画を作成して，保育が適切に展開されるように…」というように，計画という文言と併せて"指導"という文言が扱われていることには注意が必要です。これにより，保育課程に基づいた保育が適切に展開される計画を支えるものと解釈できると言えるでしょう。こども園要領では，解説書[11]に"指導"について言及されています。そこには「相手に対して一方的に知識や技能を与えるものである」という受け止め方を否定した上で「…園生活全体を通して園児の発達の実情を把握して園児一人一人の特性や発達の課題を捉え，園児の行動や発見，努力，工夫，感動などを温かく受け止めて認めたり，共感したり，励ましたりして心を通わせ，園生活の流れや発達などに即した具体的なねらいや内容にふさわしい環境

---

[11] 内閣府・文部科学省・厚生労働省『幼保連携型認定こども園教育・保育要領解説』フレーベル館，2015、P.44

をつくり出し、園児の展開する活動に対して必要な助言・指示・承認・共感・励ましなど…」と記されています。

前述の"養護"とは違い、教育的側面を積極的役割として担ってきた幼稚園においては、"指導"に関してとりわけ強く意識され、他方保育所ではそこまで積極的ではないと言えます。そうした幼稚園と保育所の違いを踏まえて、こども園要領では、その統合が図られる解釈ができるように記載されています。ただし、保育所からこども園へと移行した園にとっては、"指導"を意識することが増えた、という認識にもなってしまう段差が生じたことは否めないでしょう。

5、今後に向けて

こども園が誕生したことで、まだまだ整理すべき点、述べてきたように困難な課題がある点が存在することは事実です。今後増えていくであろうこども園の存在が、今まで幼稚園や保育所で行ってきたことの歴史的な流れを分断するものではなく、また新たな道を作ろうとするでもない、融合の道こそが望まれるのではないでしょうか。これまでの保育の基本とされてきた環境を通して行う保育、これを実践することは、何ら否定されるものではありません。5領域の考え方など、これからの保育を語る上では重要な要素であることも変わっていないことも踏まえると、就学前の施設として共通化が図られたことは、大いに積極面が見出せる方向へと時代が進んでいるように思えます。現在の状況は、共用化の実施ということになるのかもしれませんが、しかしながら、実践上試行錯誤しながら進むことは一体化へと進むことへと変化していくことでしょう。保育現場では差し迫った課題となっていることに、肯定的な視点、そして可能性を見出すことこそが、現状の課題を克服する一筋の光なのかもしれません。

（文責　東城大輔）

2章　保育所と幼稚園の溝とは何か～保育所現場から～

1、保育所と幼稚園の溝とは何か

　私は現在、保育所から移行した「幼保連携型認定こども園」の園長として勤務しており、その立場から保育所と幼稚園の溝があるとすればそれは何であるかをこの章で述べたいと思います。

　2012年8月、日本の子ども・子育てをめぐる様々な課題を解決するために、「子ども・子育て支援法」という法律ができました。この法律と、関連する法律に基づいて、幼児期の学校教育や保育、地域の子育て支援の量の拡充や質の向上を進めていく『子ども・子育て支援新制度』が2015年4月に本格スタートしました。

　この『子ども・子育て支援新制度』とは、先述した「子ども・子育て支援法」に加え、就学前の子どもに関する教育、保育等の総合的な提供の推進に関する法律の一部を改正する法律（以降、「認定こども園法」という）、「子ども・子育て支援法、就学前の子どもに関する教育、保育等の総合的な提供の推進に関する法律の一部を改正する法律ならびに子ども・子育て支援法及び就学前の子どもに関する教育、保育等の総合的な提供の推進に関する法律の一部を改正する法律の施行に伴う関係法律の整備等に関する法律」の子ども・子育て関連3法に基づく制度のことをいいます。

　これまでの幼稚園と保育所に分かれていた制度では、「保護者の就労の有無で利用する施設が限定されてしまうこと」「過疎化や少子化が進む中、子どもの成長に必要な規模の集団が確保されにくいこと」「子育てについて不安や負担を感じている保護者の方への支援の不足している」、以上の課題が指摘されてきました。

　これらの課題を解決するために、新たな選択肢として「（2006年10月スタートの認定こども園だけでなく）認定こども園」の制度がつくられました。

　2014年7月18日、松下ＩＭＰホールにて、内閣府・文部科学省・厚生労働省主催の「幼保連携型認定こども園教育・保育要領」の中央説明会が開催されました。たまたま大阪市私立保育園連盟からのご縁で、この説明会に私が出席の機会を得ておりました。保育所に保育者として従事してきた者には受け入れがたい説明が冒頭になされました。

2、「保育とは教育以外の事柄をさします」って？

　私自身この言葉を耳にした途端、思考が停止した状態となり、回復後も今までの保育を否定された気持ちになっていました。保育とは、養護と教育であり、保育所においても教育をしてきたし現在もしているとの自負があるからです。7月8月はこども園のことを考える気持ちになれませんでしたが、時間的に法人として大阪市へ移行する意思表明のタイムリミットも近付いていたことも事実でした。保育所の利用

にあたって、子どもの発達の保障を中心にその必要性を考えるべきと考えています。ところが、利用の可否が保護者の就労状況に依っていたころに、私自身大きな疑問をもっていました。そこで、自分自身の気持ちで判断するのではなく、子どもたちの育ちにとって有利な施設は「保育所」なのか「こども園」なのか、このポイントに絞って判断することにいたしました。保護者の都合に左右されない、真に子ども中心の考えに則った制度は「こども園」であるとの認識の下、「保育所」から「こども園」への移行の決意を固めた次第です。

「教育」と「保育」について考察していきたいと思います。こども園要領では、「教育」とは、義務教育及びその後の教育の基礎を培うものとしての満3歳以上の子どもに対して、教育基本法に規定する法律で定める学校において行われる教育であり、「保育」とは保育を必要とする子どもに対して行われる児童福祉法に規定する保育である、とあります。また、「認定こども園法」（定義）第2条第8項では、この法律において「教育」とは、教育基本法第6条おう第1項に規定する法律に定める学校において行われる教育をいう、と次のように規定されています。

> 法律に定める学校には、公の性質を有するものであって、国、地方公共団体及び法律に定める法人のみが、これを設置することができる。
> （教育基本法（学校教育）第6条第1項より引用）

同法同条第9項では、この法律において「保育」とは、児童福祉法第6条の3第7項に規定する保育をいう、と規定されています。

> この法律で、一時預かりとは、家庭において保育をうけることが一時的に困難となった乳児又は幼児について、厚生労働省令で定めるところにより、主として昼間において、保育所、認定こども園その他の場所において、一時的に預かり、必要な保護を行う事業をいう（児童福祉法（事業）第6条の3第7項より引用）

つまり、ここでいう「教育」と「保育」の違いはそれぞれが行われる場所の違いであって、学校「教育」は学校にて、「保育」は児童福祉施設にて行われることを意味していると考えることができます。ゆえに「幼保連携型認定こども園」が「教育」と「保育」を一体的に行うためには、学校かつ児童福祉施設の法的性格を有する必要があると考えられます。

3、「認定こども園」の4類型

「認定こども園」として全体で4類型（幼保連携型、幼稚園型、保育所型、地方裁量型）あり、保育所からは設置主体、建物やその付属設備、職員の要件等の条件により2類型（幼保連携型、保育所型）に移行することができます。

表 2-1 「認定こども園」の4類型

	幼保連携型認定こども園	幼稚園型認定こども園	保育所型認定こども園	地方裁量型認定こども園
法的性格	学校かつ児童福祉施設	学校（幼稚園+保育所機能）	児童福祉施設（保育所+幼稚園機能）	幼稚園機能+保育所機能
設置主体	国、自治体、学校法人社会福祉法人①	国、自治体、学校法人	制限なし	制限なし
職員の要件	保育教諭②（幼稚園教諭+保育士資格）	満3歳以上→両免許・資格の併有が望ましいがいずれも可 満3歳未満→保育士資格が必要	満3歳以上→両免許・資格の併有が望ましいがいずれも可 ※ただし、教育相当時間以外の保育に従事する場合は、保育士資格が必要 満3歳未満→保育士資格が必要	満3歳以上→両免許・資格の併有が望ましいがいずれも可 満3歳未満→保育士資格が必要
給食の提供	2・3号子どもにたいする食事の提供の義務 自園調理が原則・調理室の設置義務（満3歳以上は、外部搬入可）	2・3号子どもにたいする食事の提供の義務 自園調理が原則・調理室の設置義務（満3歳以上は、外部搬入可）	2・3号子どもにたいする食事の提供の義務 自園調理が原則・調理室の設置義務（満3歳以上は、外部搬入可）	2・3号子どもにたいする食事の提供の義務 自園調理が原則・調理室の設置義務（満3歳以上は、外部搬入可）
開園日・開園時間	11時間開園、土曜日の開園が原則（弾力運用可）	地域の実情に応じて設定	11時間開園、土曜日の開園が原則（弾力運用可）	地域の実情に応じて設定

① 学校教育法附則第6条園の設置者（宗教法人、個人立等）も、一定の要件の下、設置主体になることができる経過措置を設けています。
② 幼稚園免許又は保育士資格のどちらか一方しか有していない者は、新制度施行後5年に限り、保育教諭になることができます。

（「子ども・子育て支援新制度ハンドブック　施設・事業者向け」　（平成27年7月改訂版）より引用

上記の表2-1から、「幼保連携型認定こども園」は学校と児童福祉施設両方の性格を有する唯一の「認定こども園」であることが理解されると思います。

4、子どもの認定区分

上記の表中に2・3号子どもと表記がありますので、これについても観ていきましょう。

これは新制度の下、「認定こども園」等を利用する子どもについて、以下の3つの認定区分が設けられています。

表 2-2 「認定こども園」等を利用する子どもについて

教育標準時間（1号）認定子ども ［子ども・子育て支援法第19条第1項第1号］	満3歳以上の小学校就学前の子どもであって、2号認定こども以外のもの
保育（2号）認定子ども ［子ども・子育て支援法第19条第1項第2号］	満3歳以上の小学校就学前の子どもであって、保護者の労働又は疾病がその他の内閣府令で定める事由により家庭において必要な保育を受けることが困難であるもの
保育（3号）認定子ども ［子ども・子育て支援法第19条第1項第3号］	満3歳未満の小学校就学前の子どもであって、保護者の労働又は疾病がその他の内閣府令で定める事由により家庭において必要な保育を受けることが困難であるもの

「子ども・子育て支援新制度ハンドブック施設・事業者向け」（平成27年7月改訂版）より引用

5、教育時間

「教育標準時間（1号）認定子ども」と「保育（2号）（3号）認定子ども」が表2-2に示してあります。これらについても詳しく観ていきましょう。

> （教育及び保育を行う期間及び時間）
> 第9条　幼保連携型認定こども園における教育及び保育を行う期間及び時間は、次に掲げる要件を満たすものでなければならない。
> 一　毎学年の教育週数は、特別の事情がある場合を除き、39週を下ってはならないこと。
> 二　<u>教育に係る標準的な1日あたりの時間は、4時間とし</u>、園児の心身の発達の程度、季節等に適切に配慮すること。
> 三　<u>保育を必要とする子どもに該当する園児に対する教育及び保育の時間は、1日につき8時間</u>を原則とすること。

> 2　前条第3号の時間については、その地方における園児の保護者の労働時間その他家庭の状況を考慮して、園長がこれを定めるものとする。

「幼保連携型認定こども園の学級の編成、職員、設備及び運営に関する基準」より引用

教育標準時間（1号）認定子ども（以降1号認定子どもという）の教育時間は1日4時間、保育（2号）認定子ども（以降2号認定子どもという）の教育及び保育時間は1日8時間となり、時間による「教育」と「保育」の違いもあると理解されると思います。

しかし、保育時間には「教育」が含まれますが、教育時間には「保育」が含まれていませんので、これでは時間的に「教育」と「保育」を一体的に行うことができなくなります。

また年間300日といわれる保育日数に対して、39週の教育週数では教育日数は195日しかありません。

6、「教育及び保育の目標」

こども園における教育及び保育は、認定こども園法第2条第7項にその目的が、そして第9条にその目標の達成に向けての努力すべき目安が述べられています。

第2条（定義）
7　この法律において「幼保連携型認定こども園」とは、義務教育及びその後の教育の基礎を培うものとしての満三歳以上の子どもに対する教育並びに保育を必要とする子どもに対する保育を一体的に行い、これらの子どもの健やかな成長が図られるよう適当な環境を与えて、その心身の発達を助長するとともに、保護者に対する子育ての支援を行うことを目的として、この法律の定めるところにより設置される施設をいう。

第9条（教育及び保育の目標）
　幼保連携型認定こども園においては、第2条第7項に規定する目的を実現するため、子どもに対する学校としての教育及び児童福祉施設としての保育並びにその実施する保護者に対する子育て支援事業の相互の有機的な連携を図りつつ、<u>次に掲げる目標を達成するよう当該教育及び当該保育を行うものとする。</u>
一　健康、安全で幸福な生活のために必要な基本的な習慣を養い、身体諸機能の調和的発達を図ること。
二　集団生活を通じて、喜んでこれに参加する態度を養うとともに家族や身近な人への信頼感を深め、自主、自律及び協同の精神並びに規範意識の芽生えを養うこと。
三　身近な社会生活、生命及び自然に対する興味を養い、それらに対する正しい理解と態度及び思考力の芽生えを養うこと。
四　日常の会話や、絵本、童話等に親しむことを通じて、言葉の使い方を正しく導くとともに、相手の話を理解しようとする態度を養うこと。
五　音楽、身体による表現、造形等に親しむことを通じて、豊かな感性と表現力の芽生えを養うこと。
六　快適な生活環境の実現及び子どもと保育教諭その他の職員との信頼関係の構築を通じて、心身の健康の確保及び増進を図ること。

認定こども園法より引用

では、次に保育所保育指針と比較しましょう。

保育所保育指針より引用
3　保育の原理
（1）保育の目標
ア　保育所は、子どもが生涯にわたる人間形成にとって極めて重要な時期に、その生活時間の大半を過ごす場である。このため、保育所の保育は、子どもが現在を最もよく生き、望ましい未来をつくり出す力の基礎を培うために、<u>次の目標を目指して行わなければならない。</u>
（ア）十分に養護の行き届いた環境の

> 下に、くつろいだ雰囲気の中で子どもの様々な欲求を満たし、生命の保持及び情緒の安定を図ること。
> （イ）健康、安全など生活に必要な基本的な習慣や態度を養い、心身の健康の基礎を培うこと。
> （ウ）人との関わりの中で、人に対する愛情と信頼感、そして人権を大切にする心を育てるとともに、自主、自立及び協調の態度を養い、道徳性の芽生えを培うこと。
> （エ）生命、自然及び社会の事象についての興味や関心を育て、それらに対する豊かな心情や思考力の芽生えを培うこと。
> （オ）生活の中で、言葉への興味や関心を育て、話したり、聞いたり、相手の話を理解しようとするなど、言葉の豊かさを養うこと。
> （カ）様々な体験を通して、豊かな感性や表現力を育み、創造性の芽生えを培うこと。
>
> イ　保育所は、入所する子どもの保護者に対し、その意向を受け止め、子どもと保護者の安定した関係に配慮し、保育所の特性や保育士等の専門性を生かして、その援助に当たらなければならない。

保育所保育指針より引用

こども園要領ではその目標を「達成」するよう行い、保育所保育指針ではその目標を「目指し」て行うと述べられています。「達成」と「目指す」、保育所からの移行において保育者を悩ませる溝が存在します。子どもの達成感をもって「達成」とするとの意見もあります。その達成が教育及び保育の目標となりますと、複数の子どもたちのその内面的な作用の物差しをはかる指標の問題になるのではと思われます。こども園においては「自己評価」「外部評価」の受審、公表し、その改善を図るよう求められています。

保育所保育指針の考え方である「目指す」を活用し、達成を目指す多様な体験からの生活過程を重視し、それぞれの子どもたちの達成レベルの違いを認めていく、そのような評価ができる指標の必要性が求められています。

「保育とは教育以外の事柄をさします。」という言葉では、こども園要領で述べられている教育及び保育の「一体的な展開」や「有機的な連携」を行うことはできないと思われます。保育とは学校教育以外事柄をさしますが、こども園で行われる学校.教育と児童福祉施設としての保育は「教育及び保育」として一体的なものである。」と説明すれば、保育所からこども園への移行に際しての保育者としての心理的な溝や、移行後の実施上の物理的な溝を小さくできると思われます。また、1号認定子どもの教育標準時間を6時間程度まで延長することにより、時間や日数の多少からもたらされる2号認定子どもとの生活体験量の差をおおよそ同じものにできるのではないでしょうか。

7、こども園での職員配置（保育所での名称）について

こども園での職員配置（保育所での名称）については表2-3のようになっています。

表 2-3　こども園での職員配置

名称	資格要件
◎園長（園長）	幼稚園の専修免許状又は1種免許状かつ保育士資格かつ5年以上の教育職・児童福祉事業の経験者※
教頭もしくは副園長	幼稚園の専修免許状又は1種免許状かつ保育士資格かつ5年以上の教育職・児童福祉事業の経験者※
主幹保育教諭（主任保育士）	幼稚園の普通免許状かつ保育士資格
指導保育教諭	幼稚園の普通免許状かつ保育士資格
◎保育教諭（保育士）	幼稚園の普通免許状かつ保育士資格
主幹養護保育教諭	養護教諭の普通免許状
養護教諭	養護教諭の普通免許状
主幹栄養教諭	栄養教諭の普通免許状
栄養教諭（もしくは栄養士）	栄養教諭の普通免許状
事務職員	資格要件なし
助保育教諭	幼稚園の助教諭の臨時免許状かつ保育士資格
講師（保育教諭に準ずる職務）	幼稚園の普通免許状かつ保育士資格
助保育教諭	幼稚園の助教諭の臨時免許状かつ保育士資格
養護助教諭	養護助教諭の臨時免許状
用務員	資格要件なし
調理員	資格要件なし
◎学校医	医師免許状
◎学校歯科医	歯科医師免許状
◎学校薬剤師	薬剤師免許状

（認定こども園法　第14、15条　同施行規則第11、12、14条）

◎は、必置職員となります。※園長の資格要件と同等の資質を有する者と認められる場合も園長の資格要件となります。

（文責　宮上吉史）

3章　保育所と幼稚園の溝とは何か～幼稚園現場から～

1、この章の概要

　本章では幼稚園現場からの視点で保育と教育について何を見直せば良いのか、保育所との立場の違いについて幼稚園の立場から述べていきます。シンポジウム（2015年11月14日）においての内容を再現していますので、口語表現などをあえて混在して掲載しますが、この当時の現場の思いが如実に語られ、そしてその熱意が伝わるのではないでしょうか。

2、シンポジウムでの発言内容（私の幼稚園の課題）

①　幼稚園・保育所の歩み

　私は立場上幼稚園側の人間としてお話いたします。渡邉先生のお話（第Ⅲ部7章に掲載）はとっても保育、教育の中身がぎゅっとつまったお話でした。私はどちらかというと立場的に振興対策を大阪府の幼稚園連盟でやらせていただきましたので、教育のことよりは振興の課題点を中心にお話いたします。

　はじめに、私の幼稚園（神童幼稚園）は、1942年（昭和17年）の2月、戦争中に開園した園です。幼稚園というのはそもそも140年前からこの国にございまして、明治の時代が始まったときに、もうさっそく幼稚園は、幼児教育はこの国に必要、ということで入ってまいりました。1876年、明治9年ですね。それから、ここ大阪市内でも愛殊幼稚園というのができております。ただこれは、最初にできた東京女子師範学校附属幼稚園のほうが国立でしたが、これは町内会が作った、町衆が作った、今は公立ですけど、幼稚園なのです。これは明治の13年、これもほとんど今から140年前にできています。が、しかしトランスフォーム（最近好きな言葉で、コーポレイトトランスフォーム、企業体は変身しないとダメ、っていうのがあります）することに140年ぶりになりました、ということなのです。

　先ほど述べたようにもともと保育所、幼稚園、二つの制度が140年前からありました。保育所、昔は託児所とか、季節保育所とかだったのですが、明治の23年ぐらいからできていました。二つがずっと、二つの流れできていたのが、子どもも減ってきて、1.57ショックとかいうのもありまして、何とかしようと国のほうでは幼稚園も保育園も一つにしたらええやないか、ということが幼保一元化の発端となっております。幼稚園では預かり保育を、保育所の保育内容の中には幼稚園教育要領もそのまま入るという形で相互乗り入れ、という流れが出てきたのが平成の10年とか20年とかいう時代でした。そして平成18年に「認定こども園制度」がはじめて法律としてでき、幼稚園、保育園、それぞれの機能を両方合わせたものにしていこうと、できればこども園にしたいという話で、動いておりました。

　2006年にできたこども園は、2014年の4月1日には1359園、日本で存在しており

ます。それが、2015年4月、子ども・子育て支援新制度が動き始めたら、なんと倍になって、2800ぐらいの園が今日本には、新制度の保育園、幼稚園、こども園として、存在しているのです（現在数は図1-1、p12参照）。

② 神童幼稚園の歩みと保育理念

そんな中で、神童幼稚園なのですが、神童幼稚園というものはそもそも戦時中にできましたが、開園してからわずか3年目で豊中空襲にあって、園舎が吹っ飛ばされてしまうという悲惨なことを経験しました。その結果から、うちの園では絶対に戦争をしない、と、戦争する子ども、戦争に向かうような子どもたちを作らない、大人にさせない、ということで、平和を求める、ということをまず保育の芯に置くことにしました。さらに、阪神淡路大震災、兵庫県だけではなく大阪も北部のほうはかなり被災した箇所があり、我が園も被災いたしました。それで、災害に強い園にしなきゃならない、ということで、園舎を耐震化する決意を致しました。しかし財務体系が弱くて、なかなか耐震化に進めなかったのです。しかしながら、ニュージーランド地震があって、そのあとで東日本での震災があったので、本当にこれは耐震化しようということになったのです。財政面では、新制度では、保育所の部分の園舎の補助金出るよ、という話がありまして、今の姿に変身していったということです。

もともとは定員310人の幼稚園でした、これが2012年の12月にいま申し上げた補助金を活用して保育所を作ったというところなんです。そしてどうしても耐震化できなかった建物を保育所の建物に用途を切り替え、補助金で建て替えました。これが2012年の12月でした。この時は「神童幼稚園」という幼稚園と、「キスポートしんどう」という名前の保育園、二つが存在していました。それを合体して、旧の「幼保連携型認定こども園」に変更したというところです。これが、2015年の4月からは新の幼保連携型認定こども園に「みなし確認」で自動的に移行した次第です。

③ こども園への移行を決意

旧の「幼保連携型認定こども園」の中には、移行しないでそのままの園も結構ございます。みなし確認で移行しても、そんなにとんでもないことにはならないだろうという思いで、今の形となりました。

名称は「神童幼稚園」のままです。保育所部分だった「キスポートしんどう」という名前は消えました。しかし認可上は、幼稚園はいったん3月末で廃園になり、自動的に、そして新しく、「幼保連携型認定こども園神童幼稚園」という認定を取る、という形です。

我が園はそんな状況でしたけど、では日本中の私立幼稚園はどうかというと、全国8124の幼稚園、その中で2015年4月移行したところの割合が23％ほどです。あんまり進んでないですね。もっともっとたくさん移行すると思ったのですが、なかなか私みたいにおっちょこちょいがいなくて、危ない石橋をたたいて渡らなかった園が多いですね。私の場合は、真っ暗闇でのバンジージャンプをしたように思われていました。

3、こども園に移行して見えてきた課題

① こども園への移行率

次に全国の移行率です。私立幼稚園が新制度に移行した率は、北海道とか九州地区が飛びぬけて多いです。それから、関西では滋賀県が全体の園数も少ないですけど多くなっています。大阪はどうでしょうか。あまり多くないですね。全国平均より少し低い。287 園が新制度に移っている、これは幼稚園由来、保育所由来、それぞれありますが、大阪の場合は、保育園から新制度に移ったところが 195、に対して、幼稚園から移ったところはたったの 92 なのです。これは意外でした。むしろ幼稚園が多くて保育所の方がもう少し移行されるのはゆっくりかなと思ったのですが、大阪特有の現象です。

幼稚園に対して国が移行状況のフォローアップ調査をやったのですが、移行に踏み切れない理由は、入園を断れない応諾義務と、利用調整という市の介入があること、それから、収入の面で不安、でした。大阪の幼稚園は平均的に園児数が多いので、給付される公定価格の単価が低いんですね。だから規模の大きい幼稚園ほど単価が低くなってしまうので、なかなか移行しづらい、ということがあります。それともう一つ、事務の変更や負担の増大。事務量は、パート事務でよかった仕事が、常勤 2 人は必要なほど、事務量は増えているのです。移行した私からしますと、実際いろいろ苦労しています。

② 幼稚園からこども園へ移行して変わったこと（所轄）

まず、所轄は、今まで私たち私立幼稚園は大阪府だったのですが、今度は市町村が新制度に移ったところは監督すると、あるいは認定をおろすと、中核市や政令指定都市の場合は、認可認定も市が担います。しかし、市の担当者の方が私立幼稚園というかまず幼児教育を知らないのです。学級編制という言葉を知らなかったのです。学級があるからクラス担任の仕事はね、と言っても、単に 9 時から 14 時まで保育をしているでしょ、っていうレベルで、まったく教師とか教育の何たるかが通じない訳なんです。幼保連携型のこども園では、1 号認定の子どもは「幼稚園子ども」と呼んでいますが、幼稚園子どもの、従来定員は私学審議会を通らなきゃいけなかったのですが、これを通らなくても、1 号定員を適当に動かせるようになってしまいました。私学審議会の在り方も問われますが、1 号認定子どもの定員設定が勝手にあっちでもこっちでもできるという状況です。

③ 幼稚園からこども園へ移行して変わったこと（広域利用の問題）

それと、私立幼稚園の園児は他市の子どもの利用が多い、という問題が挙げられます。私立幼稚園には、すごく人気のある幼稚園とか、隣の市との境に近いところにある幼稚園が存在します。他市から来たり、他市へ行ったり。これの平均が、大阪府内の私立幼稚園では 15 パーセントです。これを広域利用と言うのですが、1 号認定の子どもの広域利用はあまり問題になりませんが、2 号認定の子どもに関しては、ここ大

阪市なら、大阪市の2号認定の子どもの入園調整後、空きがあれば、隣の豊中市の子ども入れてやってくれと。後回しなのですね。ところが、例えば豊中市に近い大阪市の幼稚園に、豊中市から既に3割も4割も来ているところであっても移行後は、大阪市の2号認定の子どもだけしか入れないということです。この広域調整は、市の調整が続く限りうまく機能しないので、移行は全く前へ進んでいないです。

ということで、私立幼稚園の中で、市境にある私立幼稚園は100パーセント移行したくても、できない状況があるのです。

④　幼稚園からこども園へ移行して変わったこと（保育料のこと）

それから、保育料のあり方も変わりました。基本的な保育料は市町村が決めます。例えば、私のところの豊中市の1号の子どもの親御さんで、所得の高い方は18900円の保育料ですが、隣の箕面市在住ですと最高でも10000円です。箕面市の人は10000円の保育料で、豊中市の人は18900円、こういうようなことが一つの幼稚園の中で起こってくるわけです。

また例えば、市が設定する1号認定の保育料が低すぎたらどうなるかって言ったら、2号の子ども定員を設定しているこども園の2号が集まらない、ということになります。逆に1号の基本保育料が高ければ、みんな2号に流れていきます。なかなか適正な保育料価格がまだ誰にもわかってない状況です。

つづきまして、公定価格についてです。園児数に応じて、その園にいくら施設型給付費をお渡しします、という話なのですが、これがまたややこしい。私立幼稚園は今までは私学助成という制度で、大阪府から経常費補助金もらっていました。これは、裁量的経費と言われ、毎年毎年、府知事に補助金を維持してくださいと言わないともらえない、安定していないものです。ところが、今度は公定価格となり、これは義務的経費であり、国が決めた給付費なので、財源が安定しています。例えば、医療の単価は、開業医の所得が高いという理由で、医療費の見直しをすると言われていますが、診療報酬も公定価格なのです。公定価格は国が自由に決められるものなので、どんなことになるかこれから見ものだなって思っています。未だ23パーセントしか幼稚園から移行してないから、今のところ財源が余っているのです。予定されている幼稚園がみんな新制度に移行すれば、一兆一千億円必要なのに、七千億円程度しか国は用意できてない現状があります。みんなが新制度に移行したときに、実は財源が底をつきているという、非常に怖い状況があるということです。私学助成にしても財源不足の怖さは一緒なのですけども、そんな感じです。

4、移行して見えてきた課題2

①　移行することの問題点

それから、保育所運営の視点からの話です。今までの保育所は、例えば、3・4・5歳児だけで保育園を運営しなさいとなれば、保育園を運営している社会福祉法人はみんな逃げ出すと思います。0・1・2歳児の保育単価の高い子どもたちがいるので何とか運営できるとのことです。3歳以上の保育単価が低すぎるのです。もともとそういう

設定であったものをそのまま今度の新制度に持ってきています。保育単価表では170人までの単価しかありません。あとはもう、それ以上という形でひとくくりなのです。一方で幼稚園の単価表は300人まであるのです。定員が増えるほど、単価はどんどん薄く薄くなっていくというシステムで、よって、子どもの多い幼稚園は移行しづらい、という側面があります。

それと、公定価格の地域区分がブラックボックスと言えます。単価が市町村単位で変動する地域区分という概念も入っているので、大阪市と豊中市では園児数が同じでも公定価格が違うのです。例えば大東市を例にすると、去年噂されていたのは3/100だったのですが、今年15/100に上がって、というところもあれば、逆に堺市みたいに、大阪市に次ぐ大きな街にもかかわらず10/100レベルです。これに応じて人件費もスライドするのでちょっと地域区分っていう考えには困ったものだなと思っています。

② 職員配置の問題

それから、新制度では職員配置がすごく手厚い。しかうっかりして手厚い人員をセットできないままだと公定価格がカットされてしまう、ということもあります。

職員配置の構成が、ややこしくてうっかりすると必要な人数がいなくて公定価格の満額が請求できないという事態が起こりつつあります。保育所から、こども園に移られたところはなかなか構成図式が理解されなくて、ひょっとしたら調整される、カットされるっていうケースも出てくるかと思います。

また自園でとても気がかりなこと、在園児の3号の弟妹が入園できない問題です。3号認定子どもは、市の調整が入るため、弟妹と言え勝手に入ってもらったら困りますということになります。当該園は、新制度では1号と2号が自由に行き来できるとか、兄弟そろって一つのこども園に、と謳っていたのですが、掛け声倒れでした。更に、2号や3号の保育に該当する子どもたちの入園が決定するのは年明けの2月なのです。2月までは2号3号の子どもたちが何人になるかわからない状況では、人材をいかに揃えれば良いか悩んでしまいます。このような不思議な現象がいろいろあります。

③ 事務量や保育教諭の意識の問題

事務量が増えているということは申し上げました。豊中市の場合、市が設定している基本保育料は、105種類あります。一市でこの状態です。新制度移行当初、最初四市から園児が来ていましたから、420種類の月謝をデータベースで処理していました。とんでもないですね。

また、春は転居シーズンです。「豊中市に引越ししました」と保護者に言われて豊中市に請求をかけたら、4月1日〜4月6日までは他市の市民だったので、その分だけ元の市に請求する、それで元の市に問い合わせたら、事務が面倒だから年度末に一括で払いますと言われたこともあり、このような事例で広域利用が大変だ、ということですね。

学園の財務面では、自園でだいたい500万円ぐらいの収入減だろうと。さらに先ほどの複雑な職員配置からしますと、人件費支出が相当増加します。従来だと20人で済むところが24〜25人の保育教諭が必要に

なるからです。

最後に、保育教諭達の意識の問題です。1号を担当する、教育する"教師よりの先生"たちと2号3号をみる"保育士よりの先生"たちの間で、意識が全然違っているということ。例えば午睡の扱い方や、お散歩の扱い。学級担任のしんどさとか長時間保育のしんどさを互いに理解していない。そんな課題があります。

今後の課題ですけど、勢いで、バンジージャンプのように飛び出しましたけど、2015年度の決算の結果だとか事業の報告だとか、あるいは市の指導監査が自園に入ってくるまでは、私の園としてはまだ新制度のことは何とも言えないという状況です。それから、ここにきて文科省は幼稚園に小規模保育事業をどんどん進めだすようになりました。1・2歳児の小規模保育をやらずにいくと幼稚園の存続が危ぶまれるということを文科省が真剣に言い出しています。1・2歳児の保育がこれからの課題となると思います。

④　その他の問題点

それから、施設整備補助金のことです。こども園の移行にあたり、保育所部門を整備するから補助金が出たのですが、それ以外、学校法人は基本的に施設整備補助が出ません。ここら辺も社会福祉法人との違いがあるので、もう少し詰めていかねばならないだろうと思います。それから、幼児教育・保育の無償化に向けて、今、国では動き始めています。が、これにあたって、私幼団体が提唱している"幼児教育・保育の評価"というものをしっかり考えなくてはいけません。あと、園舎の耐震化率の低いことや、少子化が更に深刻になる5年後、10年後のことをどう考えるか、っていうのがいろいろ問題としてあるのですが、これらのことが今後また話題になろうかと思っております。

（備考）

シンポジウム（2015年11月14日）において、北川定行先生（神童幼稚園）が話した内容について掲載しています。シンポジウムにおける発言を生かしてまとめてもらっていることを再度お断りしておきます。

（文責　北川定行）

第Ⅱ部

幼稚園と保育所の積極面を生かす視点

4章　保育・教育の語源と語義を問う
——保育と教育の一体化を求めて——

1、はじめに

　平成26（2014）年4月に告示された『幼保連携型認定こども園教育・保育要領』は、第1章総則において、「教育及び保育の基本」について以下のように述べています。

> 乳幼児期における教育及び保育は、子どもの健全な心身の発達を図りつつ生涯にわたる人格形成の基礎を培う重要なものであり、幼保連携型認定こども園における教育及び保育は、「就学前の子どもに関する教育、保育等の総合的な提供の推進に関する法律」（以下「認定こども園法」という。）第2条第7項に規定する目的を達成するため、乳幼児期の特性及び保護者や地域の実態を踏まえ、環境を通して行うものであることを基本とし、家庭や地域での生活を含め園児の生活全体が豊かなものとなるように努めなければならない。このため、保育教諭等は、園児との信頼関係を十分に築き、園児が自ら安心して環境にかかわりその活動が豊かに展開されるよう環境を整え、園児と共によりよい教育及び保育の環境を創造するように努めるものとする。

　ここで、達成すべき「認定こども園法」第2条第7項に規定する目的とは何か、確かめてみましょう。そこには、こう規定されています。「この法律において、『幼保連携型認定こども園』とは、義務教育及びその後の教育の基礎を培うものとしての満3歳以上の子どもに対する教育並びに保育を必要とする子どもに対する保育を一体的に行い、これらの子どもの健やかな成長が図られるよう適当な環境を与えて、その心身の発達を助長するとともに、保護者に対する子育ての支援を行うことを目的として、この法律の定めるところにより設置される施設をいう」と。さらに、同条第8項と第9条には「教育」と「保育」の定義が規定され、「この法律において『教育』とは、教育基本法（平成18年法律第120号）第6条第1項に規定する法律で定める学校……において行われる教育」を言い、また、「この法律において『保育』とは、児童福祉法第6条の3第7項に規定する保育」をいうとあります。

　なぜここで、「認定こども園法」第2条第8項は、参照法令を「学校教育法」の第22条ではなく、その上位法令である「教育基本法」第6条第1項としたのでしょうか。「教育基本法」第6条第1項は「法律に定める学校は、公の性質を有するものであって、国、地方公共団体及び法律に定める法人のみが、これを設置することができる」とだけあって、直接関係のある学校教育法における幼稚園の目的「幼児を保育すること」に触れようとしていないのです。

　次に、保育の定義に関する参照法令「児

童福祉法」第6条の3第7項をみますと、「この法律で、一時預かり事業とは、家庭において保育を受けることが一時的に困難となった乳児又は幼児について、厚生労働省で定めるところにより、主として昼間において、保育所その他の場所において、一時的に預かり、必要な保護を行う事業を言う」とあります。したがって、ここでいう「保育」とは、「家庭において保育を受けることが一時的に困難となった乳児又は幼児」だけを対象とし、これらの乳児または幼児を「一時的に預かり、必要な保護を行う」営みとされています。ですから、常時保育所で過ごす乳児または幼児は対象外になっているのです。

　まとめていいますと、教育とは「義務教育及びその後の教育の基礎を培うものとしての満3歳以上の子どもに対する」営みであり、3歳未満児はその対象ではない、また、満3歳以上児でも、標準的な教育以外、具体的には、延長保育等の時間は教育ではなく、保育の対象になるのです。「幼保連携型認定こども園」は、保育と教育を「一体的に提供」し、子どもの健やかな心身の発達を助長するとともに、保護者に対する子育ての支援を行うとしながら、保育と教育の概念を意図的に変え、そこで行う活動を年齢や時間によって「保育」と「教育」に区別して行うことを正当化しているように思われるのです。

　以上、『幼保連携型認定こども園教育・保育要領』及び『解説』における「保育と教育の一体化」についての基本的な捉え方を明らかにしました。しかし、これは、「一体化」と言うより、両者の差別化、切り離し

にほかなりません。「保育と教育の一体化」を目指して、より本質的、構造的な考察が必要になります。

　そこで、私は、「保育」と「教育」という言葉・概念の起源を探り、両者がどのような語源をもち、また、歴史的にどのような意味に用いられてきたのかを跡付けて、「保育」と「教育」の意味の重なりと連なりを明らかにしたいと思います。

2、保育―まもること/たすけること、そだつこと/そだてること

① 漢字における「保育」の語義

「保」という字は、人と子と襁（ムツキ）をかけた形です。藤堂明保編『学研漢和大字典』によりますと、「子どもをおむつでとり巻いてたいせつに守るさま」とあります。

　また、白川静『新訂字統』には、古代、青銅器や鉄器等に刻まれた「金文にはときにの形に作り、子の頭上に玉を加える。玉は生子の魂振りとして加えたもの、また襁として裾に加えられているものは、生子に対する霊衣（タマギヌ。注：美しい衣服。立派な衣服。）の意味をもつもので、字形の全体は、新しい生命に対する魂振り儀式のありかたを示している」と書かれています。「魂振り」とは、生まれた子どもの、活力を失った魂を振り動かしたりして活力を与え、再生させることを意味しています。

この甲骨文字は、人間が幼児を背中におんぶし、片手を幼児の背中に回しているさまをかたどり、「子どもを養育する」という意味を表していると言われています。後漢（25-220）の許慎が著した中国最古の字典『説文解字』（100A.D.）には「養ふなり」とあり、「保養」の意味を表しています。

ところで、「保」は霊の授受に関する儀礼に関与する聖職者の称号であったらしく、最高位の人を「大保」といい、王の即位継体の礼を掌る人でありました。古代の高貴な家柄では、子どもの養育を担当する女性を雇用し、上から順に「子師」「慈母」「保母」と呼んでいたといいます。なお、「保母」になれる条件として、『礼記』（内則63）に「寛裕、慈恵、温良、恭敬にして慎み深く、寡言なるもの」とあり、誰でも保母になれるのはなく、保母になるにはかなり高いハードルがあったようです。また「内に保母有り、外に傳父（フホ）有り」との記述もあり、男女の守り役が子どものしつけと教育に当たっていたことが分かります。

参考までに、「哺」という字にも触れておきます。哺という字は、口と甫（ホ。注：根を含んだ苗木の形。また平らな苗床のこと。）から成る形声文字です。口中にぱくりと捕えて、頰や唇で押さえること、口に含んでかむことを意味しています。それを幼児に与えるので、「哺育」の意となります。元来は、動物の親が子に乳・食物などを与えて、保護し育てることを表していますが、人間の場合にもいうようになりました。「保育」という語は、実は「哺育」の書き換えであると言われています。「哺育」という語は、淳和天皇（786-840）の命により編纂された勅撰漢詩集『経国集』（827）に日本で初めて現れています。

「育」という字は云（トツ）と月（ニクヅキ）との会意文字です。藤堂明保編『学研漢和大字典』によりますと、云は子を逆にした形で、「赤子が頭を下にした正常な姿で安らかにうまれるさま」を示しています。月は獣の切り裂いた肉の形です。したがって、「育」という字は「うまれた子が肥だちよく、肉がついて太ること」を表しています。また、『説文解字』には「子を養ひて、善を作（ナ）さしむるなり」とあります。

「育」という字は、自動詞として用いる場合には、子どもが生まれて大きくなる、成育して背が高く伸びることを意味し、他動詞の場合は、子どもを生み大きくする、子どもを養い、善をなさしめるという意味で使われます。

以上の考察から、「保育」という漢字は生まれた子どもを養い育て、その心身の発達を助長し、善良ならしめることを意味していることが分かります。

ところで、「保育」という言葉が我が国で最初に使用されたのは、明治10（1877）年に定められた「東京女子師範学校附属幼稚園規則」においてでした。すなわち、「園中ニ在リテハ保母小児保育ノ責ニ任ス」「幼児ヲ保育スルニハ其心身ヲシテ健全ナル発育

ヲ遂ケ善良ナル習慣ヲ得シメ以テ家庭教育ヲ補ハンコトヲ要ス」と規定されています。また、明治12 (1879) 年に制定された文部省の「教育令」において、「各地方ニ於テハ学齢以下ノ幼児ヲ保育センガ為ニ幼稚園ヲ設クルコトアルヘシ」とありますのが、国として初めて「保育」という言葉を使用した例なのです。

なお、「幼保の一体化」との関連で、注目したい規定としては、大正15 (1926) 年の「幼稚園令」があります。その第1条には、「幼稚園ハ幼児ヲ保育シテ其シテ其ノ心身ヲ健全ニ発達セシメ善良ナル性情ヲ涵養シ家庭教育を補フヲ以テ目的トス」とあり、第6条に「幼稚園ニ入園スルコトヲ得ル者ハ三歳ヨリ尋常小学校就学ノ始期ニ達スル迄ノ幼児トス但シ特別ノ事情アル場合ニ於テハ文部大臣ノ定ムル所ニ依リ三歳未満ノ幼児ヲ入園セシムルコトヲ得」と定められています。これは幼稚園に「保育所的性格」をもたせようとした方針によるものでした。この幼稚園令と同日に出された「幼稚園令及幼稚園令施行規則制定ノ要旨並施行上ノ注意事項」という文部省訓令には、このことについて「之ヲ外国ノ実例ニ徴スルニ幼稚園ニ孤児預所ヲ附設スルモノ尠カラス為ニ特別ノ事情アル家庭ニ対シ便益ヲ与フル所頗ル大ナルモノアルカ如シ右ノ規定ニ依リ三歳未満ノ幼児ヲ収容セムトスルニハ相当ノ設備ヲ要スルコト論ヲ俟タスト雖事情ノ許ス限リニ於テ適当ニ之ヲ実施スルハ当今ノ時勢ニ照ラシ亦極メテ必要ナリト信ス」と述べています。しかし、この趣旨は、実際には実現されませんでした。

② 邦語における「まもる」「たすける」の語源と語義

まず、「まもる」の語源についてみます。『日本国語大辞典』によりますと、一つは、「マモル（目守）」の義で、「目を放たず物を見る意から、目を開き見守る意」とあります。今一つは、「マミル（目見）」の転で、「目を見張って見続ける意」であるといいます。したがって、「まもる」の語義としては、

1 「目を放さないで、見る。じっと見続ける。見守る。見つめる。」
2 「注意して、うかがう。いい時機を見定める。好機を待つ。」
3 おかされないように見張りをする。外敵などを防ぐ。番をする。保護する。」
4 「たいせつなものとして扱う。見守って世話をする。」
5 「決められた物事や命令されたことなどにそむかないようにする。過ちがないようにつつしんで従う。遵守する。」

が挙げられています。

次の「たすける」の語源には、『日本国語大辞典』に三つ挙げられていますが、一番大事なのは、「タスク（手助）」の義であり、タは手で、手を差し伸べて「スク（助）」の意に由来し、「わきから力を添えて、保護したりして悪い状態から救う」ことを意味しています。そこで、「たすける」の語義としては、

1 「上位のものが保護する。庇護する。」
2 「倒れたり傾いたりしないようにする。ささえる。」
3 「傷や病気の手当をする。介抱する。」
4 「死の危険や苦しみから救う。」

5 「従たる立場に立って、主たるものを補佐する。協力する。」
6 「ある物事やその状態についてさらに助長する。うながす。促進する。」
7 「金銭や物事を与えて、救う。援助する。」

が挙げられていますが、「保育」との関連では、1、3、6などが中心的な意味合いであると考えられます。

③ 邦語における「そだつ」「そだてる」の語源と語義

「そだつ」の語源についてみますと、『日本国語大辞典』には、自動詞の「そだつ」の場合は、「スダツ（巣立・巣起）＝鳥の雛が成長して巣だつ」に由来し、今は転じて広く

1 「生物が生まれてから一人前になるまでの過程を進む。生きものが、時間とともに成長する。おいたつ。大きくなる。」
2 「能力などがのびる。内容などが豊かになる。」

ことを意味しているとあります。

また、他動詞の「そだつ」（口語では「そだてる」）は「ソタツ（添立・傍立）」または「ソヒタツ（添立・副立）＝面倒をみるために付き添う。後見するの意」に由来するとされ、

1 「生物が一人前になるまでの過程をうまく進むように助け導く。生きものが、おいたつようにする。成長させる。養育する。転じて、物事を発展させる。進捗させる。」
2 「能力などをのばすように教え導く。しこむ。しつける。」
3 「重んじる。大事なものとして引き立てる。」

という意味をもっていると言われています。

今日、とかく「教える」ことと「育てる」ことを分けて説明しようとする傾向が見られますが、「育てる」という語が1と2、両方の意味を併せもっていることを見落としてはなりません。人間においては、「教える」ことと「育てる」ことは不可分に結びついているのです。もっとも、「そだてる」にも

4 「相手に調子を合わせてなずける。おだてる。そそのかす。のせる。」

という余り芳しくない意味があることを付け加えておきましょう。

関連して「はぐくむ」の語源と語義にも触れておきます。「はぐくむ」は、『日本国語大辞典』によりますと、「ハフクム（羽含）」「ハカコム（羽囲）」から由来し、いずれも「鳥が子を育てる」ことを意味しています。その語義には、

1 「親鳥が卵を温かく羽裏んで孵す。親鳥がひな鳥を羽でおおい含む。」
2 「養い育てる。養育する。また、世話をする。面倒をみる。」
3 「いつくしみ大切に扱う。」
4 「いたわり守る。かばう。保護して、それを伸張させる。」
5 「治療する。療育する。」

などがあります。

④ 英語における"Care"の語義

OED（オックスフォード大英語辞典）によりますと、"Care"の最初の用例は、

1 *Burdened state of mind arising from fear, doubt*（直訳しますと、恐怖や疑いから生じる心の負担、つまり、気苦労、

気づかい、気がかり）、あるいは、Concern about anything: solicitude, anxiety, mental perturbation（何かについての関心、心配、気づかい、不安、懸念、動揺）であり、次に、

2 Serious or grave mental attention; the charging of the mind with anything; concern; heed, heedfullness, attention, regard; caution, pains（重大で、厳粛な精神的配慮、注意、留意、心痛、苦悩）ほぼ同様の意味合いで、

3 Mental suffering, sororow, grief, trouble（心の苦しみ、悲しみ、嘆きの種、苦労の種）が現れ、その後、

4 Charge; oversight with a view to protection, preservation or guidance（世話、看護、養護、介護、介助；保護する目的で管理・監督、手入れ、維持管理）といった意味が追加され、16世紀末以降には、

5 An object or matter of care, concern, or solicitude（世話や配慮、気づかいの対象または事柄）

という意味が出現し、Child-care という言葉も1915年以降使用されるようになり、『研究社英和中辞典』には、「《主に英国で用いられる》児童保護《家庭で保護できない児童の地方自治体による一時的保護》；（親が共働きをしている児童の）保育」と紹介されています。

"Care" は、語源的には、「気苦労、気づかい、気がかり」や「苦しみ、悲しみ、嘆き」を意味し、目の前にいる子どもや他人に対する配慮が核心を成していました。

"Care" という語は、相手の身を案じ、耐えがたい苦しみや悲しみを取り除いたり、痛みを和らげたり、必要を満たしたり、世話をしたりすることが元の意味であったのです。その後、社会的に「保護」されるべき存在や事柄が特定され、それらに対して世話したり、看護したり、養護したり、介護したりといった"Care"が制度的に確立されてきたのです。

3、教育—おしえること、そだつこと/そだてること

① 漢字における「教育」の語義

いうまでもなく、教育という熟語は「教」と「育」からできています。ここでは、初めに「教」と「育」、それぞれの感じの成立を考察し、その後に「教育」の語義を明らかにすることにします。

「教」という字は、攴（ボク）と子と爻（コウ）の会意です。塩谷温『解字漢和辞典』によりますと、攴はト（ボク）と又（シュ）との合字で、又は手の象徴の楷書。トは「ポックという音を表わしている。手で軽く叩く意の形容。攴は手で軽く打つことで、ホトホトと叩くような意味」といいます。殷周の時代には、亀の甲に穴をあけて焼き火箸を差し込み、表面にできた割れ目の形を見て吉凶を占ったのです。トも兆も、その割れ目の象徴であるとされています。

攴は、かつて子どもを棒や鞭で叩いてしつけるという意味に解されたこともありましたが、しかし、それは藤堂明保『漢字語

源辞典』によりますと、「手に棒か道具を持って作業する姿を表わす」に過ぎないとされています。子どもが何か悪いことをしたとき、不真面目なときなどに、肩など軽く叩いて注意する、忠告するほどの意味であったのかも知れません。

　それに対し、白川静『新訂字統』では、爻は「屋上に千木（チギ。注：木が交差する造り）のある建物の象徴」であり、「古代のメンズハウスとして、神聖な形式をもつ建物で、ここに一定年齢の子弟を集めて、秘密結社的な生活と教育とを行なった。指導者は氏族の長老たちで、氏族の伝統や生活の規範を教える」といい、「攴」は「長老達の教権を示す」とされています。神社のような学舎で学ぶ子弟たちに対して、長老たちが鞭をふるって、鞭撻しているようなイメージを抱かせる解釈になっています—もちろん、当時の教育では、まじめに勉強しない子どもに対しては厳しい教育が行われ、しばしば鞭も使われたとする文献も存在しなくもありませんが—。

　但し、爻と子が合体した孝は「子が上に見ならう、ならう」という意味であるとされています。したがって、それは、一方的な「命令─服従関係」ではなく、藤堂明保がいいますように、「大人と子どもの間に交流が生じ、」「大人が教え、子どもがそれを受けてまねる」ことを意味しています。そこから、「教」は一字で、知識の交流を受ける側からいえば、「倣うこと・学ぶこと」を、授ける側から言えば、「教えること・授けること」と同時に意味していることが明らかになります。

　「育」については、2-①においてすでに述べましたので、以上の考察から、「教育」という漢字は、生まれた子どもを育て、その子どもが学ぶべきことを教えることを意味していることが明らかになります。しかも、子どもを生んで育てるのは親ですから、教育とは何よりもまず親と子の間で、親が子に対して働きかける行為であったといえましょう。

　ところで、「教」と「育」を合わせた「教育」という熟語が中国の文献に最初に現れたのが『説文解字』に収載されている「虞書曰　教育子」であるとされています。この用例は、誰が教育の主体であるか、はっきりしませんが、おそらく親またはその代理人（地域の長老たちを含む）が子どもを教育していることを推測させるものです。しかし、『孟子』尽心章句の有名な一節「孟子曰　君子有三楽（中略）得天下英才而教育之　三楽也」（君子には三つの楽しみがあるが、……天下の英才を集めて教育すること、これが第三の楽しみである）となりますと、それは親子関係以外で結ばれる教育関係が中心になっており、制度的教育が行われ、「育」の語源的な意味合いが背景に退いて行っているのが分かります。

② 邦語のおける「をしふ」の語源と「おしえる」の語義

　「教育」という漢語が邦語の中で一般に用いられるようになったのは江戸時代の後半、1700年代後半以降のことといわれていますが、それ以前に「教育」に相当する「大和言葉」がなかったわけではありません。ここでは、そのような言葉として、「をしふ」と「そだつ」に注目して、調べてみること

にしましょう。

「をしふ」（口語では「おしえる」）の語源について、『日本国語大辞典』をみますと、そこには、5種類の説が挙げられていますが、教育に直接関連のあるものだけを引きますと、

1 「愛惜する情から起こるものであるところから、ヲシム（愛）と通じる。」

2 「人の悪いところをおさえ、よい事をしらせる意から、ヲシヘはオサへの転。」

3 「親が子に食物の取り方を教える自然の習性が教訓の意に転じたところから、ヲシアヘ（食饗）の約。」

があります。従来、1のみが紹介されることが多かったのですが、教育について考察する場合、2や3の語源を併せ考えることも意義深いことであると思います。なぜならば、「おしえる」の語源には、教えることが人間の「愛惜する情」を基盤とすると同時に、親や大人が愛情をもって子どもに生命を守る手段から様々な知識・技能、人間としてふさわしい行動・態度・生き方に至るまで、しかも「要点をおさえて」教授・指導・訓戒するという意味も含まれていることを示しているからです。

なお、今日、「おしえる」という語は

1 「行動や身の処し方などについて注意を与え導く。いましめる。さとす。」

2 「知っている事や自分の気持、要求などを他の人に告げ知らせる。」

3 「知識、技芸などを身につけるようにさせる。教授する。」

という意味合いで使われています。但し、「おしえる」には、さらに

4 「おだてたりして、悪い事をするようにしむける。」

という意味も含まれていますから、用心するに越したことはありません。

③ 英語における"education"の語義

「教育」に相当する西洋の言葉としては、英語の"education"、フランス語の"l'education"、ドイツ語の"Erziehung"などがよく知られていますが、ここでは、英語の"education"の語義の変遷を手がかりに考えてみたいと思います。

OEDの"education"の項を引きますと、この語の最も古い用法として

1 「子ども、青年あるいは動物を養い育てる過程（The process of nourishing or rearing a child or young person, an animal）」

が挙げられています。これに続いて、16世紀になりますと、

2 それぞれの社会的身分に応じて、マナーや習慣などを若者に「しつける過程（The process of 'bringing up'）」

という意味が現れてきます。さらに、17世紀に入りますと、

3 職業の準備のために若者に与えられる「組織的な教授、学校教育、訓練（The systematic instruction, schooling or training）」

という意味が定着します。そして最後に、19世紀の半ば以降、教育という語は3の意味を含みながらも、それがとかく「単なる知識・技能の伝達（The imparting of mere knowledge or skill）」に終わるのとは対照的に、

4 知的、道徳的、身体的「諸力の開発ない

し発展、性格の形成（Culture or development of powers, formation of character）」

という意味をもつようになるのです。

OEDに示されています"education"という語の意味の変化は、それが時代や社会の進歩に応じて新たな意味内容や目標を獲得し、語源的意味を踏まえつつも、次第にそれから拡大・深化する過程を辿ってきたことを明らかにしています。"education"という語、否、一般的に言って、「教育」という現象そのものが、このような四つの意味が層を成し、互いに連関している構造を有していることを忘れてはなりません。

そのことは、動詞"educate"の語義を調べてみますと、より明確になるでしょう。すなわち、この語の語源的意味は、

1 「食物を与え、肉体的欲求に配慮することによって（子ども・動物を）養育すること（To rear, bring up〔children, animals〕by supply of food and attention to physical wants）」

であり、これに続いて16世紀になりますと、まず

2 「（若者の）ために教授したり、学校教育を与えたりすること（To instruct, provide schooling for [young persons]）」

という意味が現れ、次いで

「習慣、マナー、知的、身体的才能を身につけるように、子どもの時から（若者を）しつけること（To bring up [young persons] from childhood, so as to form [their] habits, manners, intellectual and physical aptitudes）」

という意味も現れてきます。19世紀半ばには、

3 「知的、道徳的能力一般を発達させるように（誰かを）訓練すること（To train [any person] so as to develop the intellectual and moral powers geneally）」

4 「ある特別な才能、趣味、あるいは気質を発達させるように、（ある人、あるクラス、ある特定の精神的、あるいは身体的能力または器官を）訓練すること（To train, discipline [a person, a class of persons, a Particular mental or physical faculty or organ], so as to develop some special aptitude, taste, or disposition）」

という意味が現れてくるのです。

4、おわりに

OEDに示されている"Education""educate"という語の意味の変化は、すでに述べましたように、それが時代や社会の進歩に応じて新たな意味内容や目的を獲得し、語源的意味を踏まえつつも、次第に拡大・深化の過程を辿ってきたことを示しています。「保育」と「教育」の概念の一体化について考えますとき、私は、この「教育」という概念の四つの意味の歴史的重なりと連なりが一つの大きな手がかりを与えるのではないかと考えています。なかでも、"educate"の語源的意味である「食物を与え、肉体的欲求に配慮することによって（子ども・動物を）養育すること」、"Education"の語源的意味「子ども、青年あるいは動物を養い育てる過程」の示唆するところが極めて重大です。

「教育」という概念が、保護養育という

意味の「保育」のみならず、養育保護という意味の「養護」を基底・中核に据えつつ、概念の高度化を図ってきたことを認識し、保育・養護を中心に同心円的な広がりをもつ、もしくは保育・養護を基底に、重畳して重なり合い、一体化した概念として捉えるべきでありましょう。

この主張は、「保育」を"Care"と"Education"との結合、融合と見なす世界の動きによって下支えされています。すなわち、一つはOECD（経済協力開発機構）の報告書『人生の始まりこそ力強く（Starting Strong, 2001）』は、「ゼロ歳から就学前の子どもたちにケアと教育を提供しているあらゆる手段」を包摂する用語として「乳幼児期の教育とケア（Early Childhood Education and Care:ECEC）」を用いることを提唱しました。今一つは、ユネスコの「乳幼児のケア及び教育（Early Childhood Care and Education）」プログラムが0歳から8歳までの乳幼児のケアと教育に関して、発達上適切な教授法の使用を確保しつつ、初等教育との連携を重視し、3歳以上の子どものための総合的な就学前教育を提唱しています。

こうして"Care"と"Education"、"Education"と"Care"を組み合わせた"Educare"という造語も次第に使われるようになってきており、例えば、大阪教育大学幼児教育学研究室の研究紀要は、『エデュケア』と名づけられています。

もう一つ、考察の手がかりを提案しておきたいと思います。第二次世界大戦後の「幼保一元化」を求める様々な動きにもかかわらず、昭和38（1963）年10月、文部省初等中等教育局長、厚生省児童局長は、各都道府県知事宛、「幼稚園と保育所との関係について」の通達を出しました。その内容は、

1　幼稚園は幼児に対し、学校教育を施すことを目的とし、保育所は「保育に欠ける児童」の保育を行うことをその目的とするもので、両者は明らかに機能を異にするので、それぞれが十分機能を果たし得るよう充実整備する必要がある
2　保育所のもつ機能のうち教育に関するものは『幼稚園教育要領』に準ずることが望ましい

というものでした。つまり、幼稚園と保育所のように「目的・機能」が違うものを「一元化」することはできない、但し、保育内容の教育部分に関しては同一歩調をとりましょうというのです。このことから、当時の文部省と厚生省は共に制度上は幼稚園と保育所は一緒になり得ないが、保育内容に関しては「一元化」していく姿勢を示したものと解釈できましょう。

周知のように、昭和40（1965）年8月に、厚生省児童家庭局から初めて『保育所保育指針』が刊行されました。その第1章総則には、次のような保育理念が示されています。すなわち、

1　保育所は「保育に欠ける」乳幼児を保育することを目的とする児童福祉のための施設である
2　保育は、常に乳幼児が安定感をもって十分活動ができるようにし、その心身の諸能力を健全で調和のとれた姿に育成するよう努めなければならない
3　養護と教育とが一体となって、豊かな人間性をもって子どもを育成するところ

に、保育所における保育の基本的性格がある

と明記されたのです。

　ここでいわれています「養護と教育とが一体となって」という意味は、「3歳未満児」と「満3歳以上児」を一体として同じ保育所で扱うということではなく、子どもを「一個の主体として尊重し、その命を守り、情緒の安定を図りつつ、乳幼児期に必要な経験が積み重ねられていくように援助すること」と捉えられています。したがって、保育所における「保育」は、子どもを「一個の主体として尊重し、その命を守り、情緒の安定を図る」という養護機能を重視しつつ、それを土台として、「乳幼児期に必要な経験が積み重ねられていくように援助する」という教育機能を含んでいると幅広く捉えられていることが分かります。

　したがって、私は、この構造を幼保連携型認定こども園における保育と教育との関係にも当てはめて、子どもの健全な心身の発達を図りつつ（＝保育機能）、生涯にわたる人格形成の基礎を培う（＝教育機能）という保育・教育の両機能を切り離さず、こども園の営み全体に滲みわたらせていくことが大切であると強調したいと思っています。

（文責　山﨑高哉）

5章　幼稚園と保育所の両方のいいところを生かす －こども園における保育内容の課題と視点－

1、はじめに－2つの施設の積極面を生かす統合とは何か－

　幼稚園と保育所保育が統合される方向であることは当然で、その具体化をめざすこども園構想はいろいろな視点から課題があるとはいえ必然的なことと思われます。とはいえ、現実のこども園の経営・特に保育内容の経営を考えると難問とぶつかることとなります。というのは、こども園要領が示しているように、学校教育と保育を並列し、さらには、保育者の呼び名すら「保育教諭」などと保育所保育と幼稚園教育を張り合わせた議論になっていることからも明白と思われるからです。歴史的社会的な視点を考慮するとこうした議論も当然といえるかもしれません。しかし、保育所保育と幼稚園教育の並列することは最大限避ける必要があるのです。つまり、統合の方向はよいが、その統合の姿を具体的にイメージする必要があると言えるでしょう。イメージを明確にする際に、これまでの保育所保育と幼稚園教育の積極面・いい面を統合するという原則が確認することは関係者の最低限の願いと考えられます。そうした関係者の願いにもかかわらず行政上の都合で2つの流れを張りあわせるという発想だけは避ける必要があるのです。保育所保育と幼稚園教育の違いは、短時間か長時間の違いだというような議論はあまりにも乱暴で、そうした発想ではこれまでの保育所保育を一般化するか、逆に、幼稚園教育を一般化するかという議論に陥ってしまうことになる危険性があります。

　2つの保育・教育施設の一体的運営・統合を目指す時に保育の質をレベルアップし保育内容の統合を実現するために保育所保育と幼稚園教育の2つの違いを改めて認識し2つの積極面をどう認知するのかを問う必要があると考えています。保育所保育の積極面は児童福祉を軸とした福祉の視点を提起し続けたことがあると考え、幼稚園教育は学校教育の視点をしっかり保持していると考えています。その場合に制度論的な議論が軸となりますが、本稿では保育内容の編成・カリキュラムマネジメントの視点から検討を加え、新たな保育の質の確保とつながることを願っています。こうした検討は、現実の保育実践・教育実践と固く結び合わせていることを認識して方向性を考えてみようと考えます。

2、保育内容の質を追求する統合の方向性　－保育所・幼稚園の特質をおさえる－

①　保育所保育の積極面をどう押さえるか―福祉の徹底―

　まず、保育所保育の積極面を考えてみましょう。
　保育所保育は歴史的・世界的に見ても児

童福祉を軸にした社会福祉の一環でありわが国においても、保育料無料世帯があるように家庭支援を福祉の視点を持っています。その発想が保育所保育においてさまざまな形で生かされてきました。特に、婦人（女性）の自立に果たしてきた役割、子どもの健全な育ちに果たしてきた役割は大きいといえます。これは、呼び方は別にして家庭の代理・補完などの機能を保育所保育が担ってきたことは明らかです。

この福祉の発想は、保育所保育が家庭らしい子どもの関わり方とその条件を追求してきたことにつながってきました。すなわち、子どもの育ちが家庭のさまざまな条件、特に、経済的生活の条件に規定されており、又、親の労働環境にも規定されることを念頭において子どもの育ちを見通すという優れた発想を保持してきたのが保育所保育であるといえるからです。その一つの典型がフィンランドに見ることが出来ます。予防接種などの出産前のケアから、出産後のケアなどを個別の家庭に依存するのではなく社会的サービスとして位置づけています。又、育児休業制度は、出産休業（前後各7週間）以外に最大480日までの育児休業を取ることができるシステムとなっています。しかも、8割の給与保証を行っていることも特徴でしょう。詳しくはフィンランド大使館2000などを参照してください。さらには、復職の保障もあり、さらには保育サービスが用意されています。保育サービスで注目すべきことは、希望者は全員入所を実現する義務が行政的にあることと希望者は小さな家庭的保育を選ぶことが出来るという点です。これは後述しますが、子ども手当ては持ち家住宅手当・養育費補助など税洗面・給付などの施策が行われています。

これは単に手厚く面倒を見ているという問題ではなく、子どもの福祉を社会の中核に位置づけ社会的保育を実現し、どの子もも家庭・親の違いに関わらず健やかに育つ・育てる権利を持つことを理念としているために実現していると考えられます。

最も重要な課題は保育の質を確保することですが、そのために保育が個別的家庭的な側面と社会的教育的な側面を統合しようとしていることが必要でしょう。特に、前述しているように子どもが社会的に生活の中で育つという側面を重視していることを念頭におく必要があります。

② 福祉の徹底とは
　　―ネウボラから学ぶ―

ネウボラは、「子どもはどの子もみんな健やかに育つ権利があり、生まれた家庭環境の差が育ちの差につながってはいけない」という考えの市民活動から生まれたものです。ネウボラというのは6歳までの子どものいる家庭へのあらゆる支援・相談が可能といわれています。

具体的な事例の一端を高橋睦子は次のように紹介しているので、長いが引用します。（http://dual.nikkei.co.jp/article/034/54/　フィンランドの切れ目ない家族支援『ネウボラ』日経DUAL 2014/10/16、2018/7/18アクセス）

「*まず妊娠が分かったとき。妊娠の兆候があったら病院ではなく、自分の地域のネウボラへ向かう。健診は無料で、妊娠中は6～11回健診に通う。健診では医療的なチェックだけでなく、妊婦の不安や悩み、さ*

らには家族の状況まで面談で細かに聞き取りをする。

　夫も何度か一緒に参加する必要があり、夫婦の関係から経済状況、子どもを迎えることへの不安などまで聞き取りをする。中には、日本ではプライバシーに関わり過ぎじゃないかと言われてしまいそうな質問も多くある。例えば、夫婦間でもめ事が起きやすいのか、そんなときどうやって解決しているのか、子どもを育てるだけの収入があるのか、夫婦間の性交渉まで話は及ぶ。夫が子育てに対して何を不安に思っているのか、夫婦で笑い合うことができる関係なのか…そんな内容を妻と夫両方に質問しながら話し合っていく。妊婦だけでなく、新しく親となる夫婦として2人を一緒に支援していく。こんなことができるのも、ネウボラでの面談が必ず個別に行われるからだ。1回30分～1時間程度の面談時間がとられ、プライバシーの守られる部屋で毎回同じ「ネウボラおばさん」と話をする。話を聞いて必要があると判断されれば、医療機関、自治体の担当者、児童施設などにつないでくれるうえに、その時々で必要な情報もそれぞれの機関できちんと共有される。病院に行って改めて説明…なんていうことをしなくていいのだ。そして、またその治療や対策が行われながら、ネウボラでの面談も行われるので、常に自分のことを分かっていてくれる場所が確保でき、妊婦にも安心だ。」

　続いて、出産の様子を次のように述べています。

　「<u>母も子も同じ場所で健診が受けられる安心感</u>

　出産は病院だが、産後からまた子どもやお母さんの健診はネウボラを中心に行われる。必要に応じて医師が来ることもある。日本では出産までは産婦人科、産後は小児科など健診に向かう先も変わってしまうが、フィンランドではネウボラでそのほとんどができる。例えば、産後から1歳までの期間では、ネウボラでの健診は保健師によるものが10回、医師によるものが3回ある。それ以外にも歯科検診などを受けたり、不安があればすぐに立ち寄って相談できたりする。」

　詳しくはフィンランド大使館などの資料を参照してもらいたいのですが、同じ福祉・保育という概念の広がりと深さを含んでいることが理解できるでしょう。その中核がネウボラであるのです。こうした発想が明確になってきたのは、アメリカのヘッドスタート、イギリスのスタートプログラムなど多くの事例がありますが、子どもの福祉を徹底していこうとするものであり、保育の発想としては家庭での保育の質を実現しつつ社会的な保育のよさを加えていこうとしていることが読み取れます。この場合に、社会的保育の中核は親・家庭自身ですが、どちらかではなく、両方の内容の実現を考える発想が保育の発想だといえるでしょう。

③　家庭の位置づけ—福祉の発想から—

　このように、福祉の概念を起点にすると保育の姿が明確になる面があります。これらの発想は単に教育概念から生まれたものではありません。

　この整理のために言及する必要があるの

は、わが国においても指摘されているように保育所は家庭の補完・代理なのか、さらには、独自の機能を持つのかという議論がかつてあったことから紐解いてみましょう。保育所がただ福祉のために預かれば良いという発想を断ち切るためにはこの議論が必要であったのです。

問題は、家庭保育の代理という名においてただ預かればいいというように保育所保育を位置づけてしまうことが問題です。今日、大切なことは、家庭の保育が「母―子」の関係とその中で育つものは子どもにとって極めて大きなものがあると考え、これを保育所保育の内容としても学ぶ必要があるといえます。

④　家庭保育から学んでいるか？

そのためには、保育所保育が家庭の保育から学びつくせる方向に向っているのかどうか検討する必要があります。かつては、子どもにしつけをすること、つまり、排泄の習慣や生活のリズムなどに焦点を当て、これが子どもの生活活動であるとしてきた経緯もあります。しかし、保育所保育はマザーリングなど情動的なやり取りを実践的には重要視してきたのですが、それは「健康」などとくくられることも少なくありませんでした。生後半年ぐらいの間に子どもは「してもらう活動」の中で笑い・喜びなどの積極的な応答と随意運動が生まれ、それを土台として周りの環境に働きかける自分の活動（対象的活動といわれている活動）を生み出すことになります。この時期には大人が適切に子どもの自己活動が発展するよう働きかける必要があります。このような乳児保育の土台となることは保育現場では良心的な保育者によって行われてきましたが、それは個々の保育者のかかわりに終わっていたのは、私見では、家庭の保育から学ぶ枠組みが構築されてこなかったことが大きいと考えています。

考えてみると、家庭の保育においては子どもの個別性に着目してきた経緯があるでしょう。子どもがどのような状況で笑顔を返してしてくれるのかに一喜一憂し、それが子どもに循環していくサイクルが存在していることこそ家庭保育の土台ではないかという捉え方をすると教育との統合が可能となると考えられます。

⑤　幼稚園の積極性とは何か

では、幼稚園の積極的な役割とは何でしょうか。

教育、特に学校教育は子どもの成長・発達に焦点を当ててきました。このために、学校以外の生活は個別の家庭に依存してきた部分があります。確かに、子どもの育ちの一義的には家庭が負うことを前提としていることは当然のことです。

学校教育が子どもの訓育・陶冶に大きな役割を果たしてきているので、幼稚園は学校教育の一環であることは法制上の前提です。よって、学校教育が一人一人の育ちに積極的な役割を果たしてきたことを幼稚園でも実現していこうとしてきたことを肯定的に捉えることも可能でしょう。この実現のために、指導の計画を編成し子どもの育ちを丁寧に見てきた幼稚園教育があります。特に、遊びを軸にして子どもの育ちと向き合ってきた発想があるのです。さらに、そ

の幼稚園教育が親の育ちとともに歩んできた事例も多いといえます。

こうした優れた実績を挙げてきた幼稚園教育は、決して家庭教育では出来ない側面に焦点を当て独自の責任を果たしてきたといえます。また、そうした学校教育に必要な発想は、家庭の補完機能としてとらえることもできます。すなわち、家庭では一貫して指導できない・教育できない側面を充足させることを目的とした教育機能があると考えて、そこに学校があると評価することは可能でしょう。そこでは、知識・技能・態度全般に及ぶのは、知識・技能・態度がある種の体系性を持つと考えることが出来るからです。その内容は時代の要請によって異なるとはいえ、家庭では保障し得ない体系性を学校が実現してきたといえます。乳幼児教育の場合には、この機能は主に幼稚園教育が担ってきました。実際に、幼稚園教育は前述しているように学校教育として位置づけられてきたことは、このような事情を踏まえると当然のことなのです。

学校教育の一環として位置づける場合に、学校以前の学校、つまり、就学前教育なのか、それとも独自の学校なのかという議論があります。就学前の発想で考えれば、教科学習の準備という面、又は、早期教育という面を考慮することになります。また、独自の学校という点ではその独自性の内実を明確にする必要があるでしょう。いずれの場合も、小学校教育が義務化されているように学校が社会的に必須機能であることを示しているとともに、家庭を補完する側面を担っていると言えるのではないでしょうか。

⑥ 保育概念では何故いけないのか

以上のように考えると、家庭教育を延長させた保育所保育と家庭を補完する幼稚園教育機能があり、その二つの側面が統合されているのが、乳幼児保育であるといえるでしょう。この視点から、「保育」概念こそがこども園（保育所・幼稚園の統合）の中心概念であると考えることもできます。

言葉いじりにならないために、基本の視点を表5-1としてまとめれば次のようにまとめることも可能です。

このように考えてみると、統合の視点が見えてくるのではないでしょうか。つまり、幼稚園自体も上記の目的を掲げる以上、家庭保育の社会化が必要であるといえます。それは、あくまでも子どもの論理から言えば、兄弟以外の子どもとの交わりの体験を通して自己を確立していく必要があるといえます。そして、この機能は学校的な限定された枠組みの中で考えるのではなく、生活を通しての教育の側面を考える必要があるでしょう。特に、保育所が課題としてきたしつけを含めて幼稚園教育の課題とすることが必要であるのです。

以上から、幼稚園は幼稚園の機能を持ってきたことによって優れた面を持ち、保育所も独自の機能を持ってきたといえます。その機能の違いは、乳幼児の子育ての2つの視点であって、どちらを選択するかという問題ではないはずです。

よって、結論としては、その二つの機能の違いを認めつつ、その統合・融合を図る必要があるといえるでしょう。

表 5-1　積極面と課題面の整理

	保育所の積極面	幼稚園の積極面	保育所の課題	幼稚園の課題	統合の視点
機能	家庭を土台・典型として福祉の徹底	子どもの成長・発達への保育・教育の積極的な役割を実現	預かればよい、必要悪論、保育に欠ける子の発想	生活から切り離してしまう傾向	乳幼児の保育の公的役割
保育内容	子どもの生活保障の中での保育（子どもの独自の生活の探索、子どもの社会性の芽生え）	子どもの全面的成長への役割	家庭の補完・代理論に基づく「しつけ」訓練主義 家庭での子育ての内実が未整理のために個々の保育者に任されている傾向	学校の発想で生活・養護を切り捨てる傾向 小学校の下請けになる傾向 乳児保育との切断	生活こそ保育の土台を基礎にして年齢ごとの活動の質的高まりを想定する
家庭の位置	家庭教育と共同する	学校としての家庭の援助	家庭の役割が不明確な場合も	家庭の責任にする傾向	家庭との共同保育

　その際に、学校教育の系列と福祉の系列の統合が必要ですので、原理的には、学校教育の積極面と福祉の積極面の統合となるのですが、基本概念としては「保育」概念でよいと考えられます。というのも、概念規定は語源から見ても明らかで、法律上は幼稚園は「保育する」となっているからであり、学校教育であるといった場合は保育の概念でよいし、学校教育の概念を使わないということは保育ではなくなってしまう、ということになりかねません。

　では、どのように統合を図るべきでしょうか。特に、保育内容としてどのように考えるべきかを検討したいと思います。

3、融合保育の視点と内容

① あれかこれかの議論の克服

　第1に、これまでの乳幼児保育の議論はしばしば「あれか、これか」の議論を行い「振り子」になってきたといえるのですが[12]（玉置 2006）、そのほとんどは両方が重要でどちらかという議論ではないということでしょう。言うまでもなく、その重点をどちらにおくのかという議論はあっても二者択一の議論ではないということです。例えば、保育者主導の活動や自由な遊びは良いか悪いかという議論が事実上されてきました。しかし、保育において保育者主導の活動や自由な遊びが必要ないという議論は事

12　「子どもの目線にたった人権保育の目標の検討(1)」2016，大阪教育大学幼児教育学研究室，26

表 5-2　幼稚園教育と保育所保育の関係

	幼稚園	保育所
社会的機能	学校教育	家庭の補完・代理
目的	幼児にふさわしい家庭の補完	児童福祉・家庭支援
内容	活動の教育的展開による知識・技能の習得	活動の自己展開による充実した生活とその教育
家庭の教育	生活の教育・親となる教育の独自	
家庭生活	×	児童福祉

実に合わないでしょう。保育者主導や自由遊び一色になっている幼稚園では正当ですが、多くの場合にその重点をどこに置くのかが議論されるべきであろうと考えられます。

② 統合の視点

こうしてみると、家庭の最適な生活を保障するだけではなく、子どもに最適な生活活動を保障していく事が保育の土台とすること、同時に、その生活が教育的に適切な活動であることの2つの側面を統合の視点とすることが必要であるといえます。つまり、生活活動の外に教育の側面があるとした瞬間にややこしい統合の議論に陥ってしまうということになるのです。よって、保育内容の統合の視点は、現実には二つの風があることを認め、その統合を考えることが出発点となります。その意味で、渡邉氏の案は検討の土台となることが出来るでしょう。決して、二つの違いをあいまいにしたうえで統合の内実を勝手に考え出さないことが重要なのです。

幼稚園教育には、家庭教育の発想や子どもの福祉の徹底を前提にした幼稚園教育が必要であり、保育所保育には国民教育の一環としての教育の視点が必要です。この意味では、学校教育という視点を幼稚園で確認しているこども園要領はあながち間違いではないのですが、あたかも学校教育以外に教育がないかのごとく解釈される余地が生まれて混乱の元になる可能性があります。

この視点からは、現行の要領が養護と教育（5領域）で保育内容を提示していることは、どのように評価すべきでしょうか。表面的に言えば、養護が生活であるとすれば生活と教育というように分離しているとも言えます。しかし、具体的な保育内容は子どもの主体的活動（自主的活動）によって構成されるとすれば、子どもの主体的な生活活動が前提になっているといえます。それを渡邉氏が提起しているように「風」と理解することも興味深いのです。最終的には、こども園の判断ということになるのですが、それは生活を教育的に考えることを前提として養護の側面を保育で意識化するために養護と教育という区分がありえないと言っているのではありません。事実、かつての保育所保育指針では生活から生活と遊びへ、さらに、生活と遊び・社会とい

うように区分していた時代もありました。

　保育における子どもの生活・生活活動の重視は子どもの権利・家庭の権利から考えても乳幼児の保育の場合には前提です。その上に、保育内容の統合という場合、子どもの活動を保育内容と考えて活動の視点から整理するのか、ねらいを軸にするのかという議論があるのです。ただ、生活の重視の視点は、養護・教育の前提に生活の充実があることを想起して成立しています。テクニカルにどのような区分を想定するかではないですし、また、実際上は、その両方が必要であり、子どもの活動の充実が基本の命題であるといえます。その上で、区分をどう考えるかが提起されるのです。

4、2つの施設の積極面をいかす保育内容の方向性

① 事例を考える

　では、原理的には以上の説明が可能なのですが、保育内容・保育実践としてはどうなのかを検討する必要があります。その切り口が渡邉氏によって図5-1のように示されています。この提案は、光の時間と風の時間とに分けて説明しています。まず、風の時間は次のような特徴を持つと述べられています。時間制限が少ない、決まっている行事がほとんどない、何かを企画して実行するには、保育者の力量が問われるが、おもしろさがある、光の時間に比べて子どもの人数が少なく、保育者の数は多い、乳児とのかかわりも多い、それらを最大限に活かして、ただ親を待つだけではない、保育の可能性を探る他方、光の時間は教育の側面を出しているといえるのですが、渡邉氏提案の視点は当然遊びに向かっています。実際には、保育室全体を麻のネットで子どもたちが遊べるような条件を作るだけではなく、保育者が子どもの遊びの展開を認め励ましています。更なる説明は後述されていますが、基本的には、多様な時間の過ごし方、多様な保育のあり方を問い、図5-2のような説明をしていることが注目されま

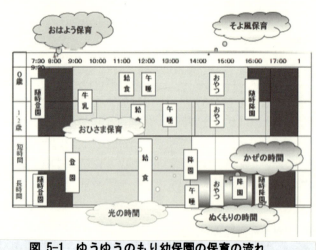

図 5-1　ゆうゆうのもり幼保園の保育の流れ

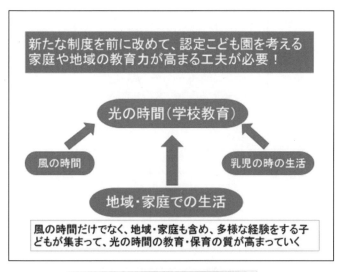

図 5-2 光の時間と風の時間

す。おそらく、この提起は一つのアイディアであり、特に、光の時間（おひさま保育とも命名されている）と風の時間の組み合わせを提起し、さらに、そよ風の時間ていることは興味深い点です。それをデイリーとして示しており、光の時間が一日の大部分を占めることが読み取れます。特に、光の時間の中心に子どもの生活があり、その前後に風の時間とぬくもりの時間を置いていることが読み取れます。この結果、保育所と幼稚園の区分を解消し、その充実を考えることとなります。詳しくは、7章の渡邉氏の論考を参照にしてください。

② どのような活動の構造をこども園で想定するか

実践上保育計画を作るというときに、統合の視点を生かすためには、渡邉氏も提起しているように、どのような活動の種類があるのかを特定しておく必要があります。

そして、それは日案をどう作るかという議論に集約しつつ統合の具体的方向を検討していきましょう。日案は子どもが施設でどのように過ごすのかを提示するものです。

（1）積極的教育と消極的教育

おおむね典型事例としては、積極的教育と消極的教育の2つのタイプがまず考えられます。

一つは、ハイストラクチャーな日案です。これは保育者がどのように働きかけるか、特に、設定保育を軸に考えられるものです。子どもの活動の質が高密度になる保育の姿を前提にしています。受け入れやすい用語で言えば、積極的保育と読んでも良いでしょう。

他方、ローストラクチャーな日案もあります。それは、子どもの自然な活動を軸に一日が組み立てられています。主に、子どもの遊び活動に焦点を当てていることが多

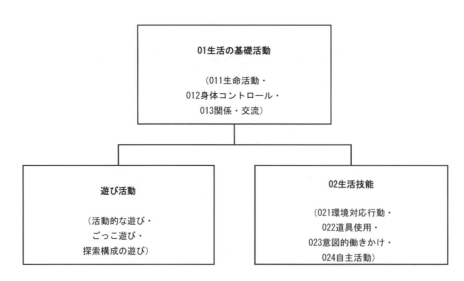

図 5-3　活動の構図

いことが特徴です。これは、消極的な保育と呼んでも良く、意図的に消極的なのです。それは、保育において重要な子ども自身の活動の発展のために保育者が余計なことをしないという事であって、自然成長論や放任の保育とは文脈が異なることをしっかり抑えておきましょう。

この2つは、前者が系統主義と呼ばれ、後者は経験主義と呼ばれる教育思想上の流れがあり、私のいくつかのところで言及してきたように、この2つのどちらが良いかという議論が実践的には大きな課題となってきた面があります。

この2つの違いを区別したうえで、保育において学校教育と呼べるものは何であろうかを考えていく必要があります。前者だけの幼稚園教育を想定する考え方もあるかもしれませんが、一般的には後者の保育の考え方を否定することは出来ないでしょう。それは保育のねらいや子どもの理解の内実と関係するのであってどちらが良いかという議論ではないことが理解されていれば当然といえるかもしれません。

表 5-3　日案の考え方

風の保育 光の保育	積極的教育	消極的教育
生活の基礎構造	X1	X2
生活活動	A	B
遊び中心光の保育	C	D

（2）活動の構造

子どもの活動の構造を想定することを提案してみましょう。保育において使われてきた活動は、生活と遊びの概念です。これを機軸に活動の構造を考えてみると、生活活動系及び遊び系ということになります。活動の構造のイメージを示したのが図 5-3 です。

図 5-3 が示したかったのは、融合の保育においては、生活の基礎活動が土台となることです。そのうえに、生活と遊び活動が位置づけることが日案の基本であるということなのです。

（3）日案の原型

日案の原型として次のような内容を原型として、表 5-3 を軸に考えてはどうかと考えられます。

上記のように考えると、幼稚園は学校教育の概念で整理するときには上記の表のどこに位置づくのであろうか、という発想が必要となります。学校教育か保育かという議論を無理やりしていることが分かるでしょう。仮に、保育は学校教育との対比で上記の表に含まれる課業的な活動だけを学校教育というのは理解できますが、乳幼児の実態から言えばその活動のきわめて小さな部分ということになります。しかも、その課業は子どもの生活活動や遊びの活動とリンクして意味を持つのだとすれば、課業だけを取り出す議論の枠組み自体がおかしいといえるのです。

あるいは、積極的教育の全体を学校教育という場合には、一定の合理性があります。しかし、幼稚園教育は消極的教育を含まないということは幼稚園教育の現実をあまりにも無視した考え方でしょう。

ともあれ、日案を考えるとAからDのどの軸を中心にすえるかという議論が可能となり、あれかこれかの議論ではなく、子どもや保育者の考え方によって日案を構成することが可能となり得ます。

また、保育所保育において養護はどこに位置づけるかという議論があります。基本的には、養護は福祉の発想でありそれは主要に生活の基礎活動と考えることが可能であり、いのちをつなぐ活動、身体のコントロール、関係活動の３つを基礎と考えることを提案したいと考えます。そして、一切の活動の基礎に身体コントロールがあることを踏まえ、また、関わり・関係行動が重要であることを示しています。

5、日案の編成―生活・遊び活動の構造理解を軸に―

① 日案のための活動の構造理解

上記のイメージを枠組みとして検討する際に、次のような活動の要素（表 5-4 参照）を念頭においても良いのではないだろうかと考えます。

これまで、子どもの生活を土台に指導計画を考えるパターンがありました。これを踏襲しつつも、明確にしておく必要があるのは、生活活動として子どもの側からとらえることです。子どもは生活の体験という名で保育者の意向のままに捉えるのではなく、子どもが周り（の環境）への働きかけをするのが活動であるので、生活活動といっても良いと思われますが、もともと、原

表 5-4 活動の要素を取り巻く概念

	大分類	中分類)	小活動)	保育者主導	共同	子ども主導
活動	100 生活基礎活動	01 基礎活動1 いのちをつなぐ活動 欲求充足の喜び	111 食の充足・排泄とその技能 112 着替え・清潔の技能 013 睡眠・休息・セルフサービス			
		02 基礎活動2(身体コントロール活動) 自分で体を動かすことの楽しさ	121 身体の自己コントロール(基本的身体運動) 122 反射活動から大筋肉・小筋肉を使った随意運動の広がりと深まり	やって見せやりたい意欲を喚起する	掴まり立ち・スロープ・一緒に身体運動	つかむ・吸うなど随意運動・
		03 基礎活動3(関係・交流)	131 大人との交流 132 子ども同士の交流 133 言語的活動・交流	感情のやり取りを主導	感情の交流	呼びかけなど原言語活動
	200 生活技能	21 生活技能1(環境対応活動)	211 生活活動のリズム(睡眠・運動・休息のリズム) 212 施設が持つ空間・時間・人間などの環境に対応する生活技能、周りの生活への対応 214 散歩・観察・自然との対応	着替え・生活のリズム	お手伝い	自分で工夫してする
		22 生活技能2 (道具使用・作業・仕事)オレンジ1	221 道具使用(対象的活動(描く・作る・道具使用) 222 製作活動 223 食事の準備・クラスの掃除、 224 植物の世話、	作業のモデルを示す	対象的活動	
		23 生活技能3 課業・設定保育赤色 オレンジ2	231 活動の中の意図的働きかけ 232 活動の外での働きかけ(課業・授業)(製作・音楽・リズム・人形劇・読み聞かせ)	随意運動のモデルとなる	随意運動の誘導	髄運動の深化と発展
		07 自主活動オレンジ3	241 自分の活動を持つ 242 意図したものを実現する 243 自分の空間・時間を持つ	安全確保		何か面白いものはないかな探索
	300 遊び	31 活動的遊び	身体的やりとり、追いかけっこ	こちょこちょ、まてまて		
		32 ごっこ遊び				
		33 探索・構成遊び				

初的には子どもの活動があるととらえることもできます。このことによって、子どもと環境の関係も整理可能であると思われます。

そして、自覚する必要があるのは、子どもの生活(活動)が保育の枠組みをつくり、その枠組みが保育内容づくりの土台となることです。前述したように、生活の外に教育をおく考え方は一部にありましたが、生活の遂行こそが教育の一部であるという視点を保持する必要があるのです。この考え方は特に乳児保育においては必要ですが、幼児の場合も貫く必要があるでしょう。

活動は、大きく分けて生活と遊びといわれてきましたが、これも生活活動と遊び活動と活動であることを明確にする必要があります。このように区分するためには、生活と遊びをどのように区分するかという問題に直面します。これまで、子ども主体の活動が遊びであるという見解がありますが、生活は子ども主体でないのかという議論もあります(玉置、2005 3つの遊びの次元)。特に乳児の遊びは、大人が簡単に遊びと名づけていますが、乳児の保育内容を創造す

る観点からは極めて非論理的なものです。とりあえず、遊びは面白さの追求を、虚構場面を使って行う活動である、として考えてみると、1歳の後半(大体9ヶ月ぐらい)には遊び活動が生まれることも多いと思われます。まてまて・戯れる・いじくるなどの遊びが始まるからです。

② 生活活動はどのように分類できるか

まず、生活活動といっても多様な活動の集合体ですが、子どもの側から考えると、生活の基礎活動と生活技能の習得活動の二つがあります。前者は、ヒトと言う動物の持つ活動で(つまり、<u>生命活動</u>)、<u>身体コントロール</u>、<u>関係・交流の力</u>(他者との交わり)の3つを土台とするともいえます。

生命活動はいわば生まれながらのものであり、食事(吸う、噛むなど)や排泄、身体の温度調節・清潔などに関わる温度、さらには、睡眠・休息・セルフサービスが少なくとも含まれています。

次に、身体コントロールをあげる必要があります。すなわち、生命活動を含めて自分の身体を随意に動かせることを前提としており、他の活動の土台です。これまで、この側面は、運動として理解されてきた面がありますが、転がす・投げるというような特殊技能の土台となる一般技能(それは随意運動と理解することも出来る)足・手・身体を自分の意思どおり動かすことであり2歳前後までにかなりのコントロールが可能となります。私はかつて身体的自己・活動的自己と呼んだのですが、自己の身体を自分でコントロールすることが可能となることを含んでいます。

この2つと密接に関連して、関係交流の力も挙げられます。人間は生まれた時にはひ弱な存在として生まれるために多くの関わりを必要としています。そのために、関係・交流が大事であるだけではなく、子どもは関係の中で第2信号系、ジェスチャー・身振り・言語活動を通して周りと関わっていくのです。その関わりは<u>生命活動</u>、<u>身体の自己コントロール</u>の活動の手段ともなっていきます。典型的には、言葉による行動の調整・自己の行動の復唱など活動の発展の土台であるともいえるでしょう。

上記の3つが生活行動の土台であり、それが生活技能や遊びにつながるといえます。

③ 生活技能の整理
(1) 生活技能1

次に生活技能について考えてみましょう。

まず施設の生活において睡眠・活動・休息などの適切な配分・個別的配慮などを行いつつ施設の生活活動のリズムの獲得が必要でしょう。また、子どもが周りの環境にどのように働きかけるかも重要です。その際に、施設として子どもに最も適した生活活動が展開されるとしても、特に、時間・空間・人にどう対処するかを大事にしたいものです。まずは、子どもの安全に対する配慮、子どもが活動展開する時間の確保、子どもが親しみを持つような人間的配慮などが中核となります。子どもの保育室を中心として生活環境への対応、あそこには、面白いおもちゃがあるので探しに行く、段差をどう超えるか、椅子の生活になれる、などです。

次に散歩や観察です。施設内施設外を散

歩すること、観察することは子ども目線で考えると実に多様な活動があり、また、一人一人の関心の持ち方は多様です。散歩で見つけたワンちゃん、電車など子ども目線での驚きや楽しさを大事にしたいものです。同時に、自然との対応、風、気温、動物・植物などに一人一人が退治してどのような感じ方を持っているかを感じ取り応答すると良いでしょう。

(2) 生活技能2

生活技能2は一定の道具を使って回りに働きかけたりする活動を想定しています。その中で大事にしたいことは、次の点です。

まず1点目は、道具使用です。周りに働きかける際に、人間社会はさまざまな道具を作り出してきました。紙を分割する際にはさみという道具を使ったり、所持をする際におはしやスプーンを使ったり、ころがす、ころころ転がるボールを使うなどです。大人は何気なく使っていますが、ボールを投げるという場合には、身体全体を使って投げるのと手投げとは異なります。そして道具使用においても合理的な獲得があるものです。特に、作る・描くは大事に育みたい活動でしょう。

2点目に、道具使用にある程度活動すると次にこんなものを作ろうという目的を持ったさまざまな製作活動があることです。また、道具使用で食事や清掃が保育者の手助けで行えるようになり生活の主人公として登場するさまざまな活動があります。自然への働きかけ、世話の活動などもあるでしょう。

(3) 生活技能3

次に生活技能3ですが、保育における子どもの活動として保育者として意図的に働きかける活動があります。ただ、その活動は可能な限り子どもの生活・遊びの活動に付随して行うことが基本です。乳児におけるボールころころのような活動は子どもが楽しんでいる活動ですが、同時に、そこに保育の課題を想定していることもあります。また、乳児期から子どもの学び・教育的遊びを積極的な意図をもって行うことも必要でしょう。そして、幼児になってきた時に、「学びの活動」も必要であるともいえます。

(4) 教育的働きかけと自主活動

最後に、自主活動を挙げたいと思います。乳児の場合でも、子ども自身が大人に見守られて・見守られないで自分の活動を十分に行うことの意義は少なくありません。

遊びの活動については別途述べたので省略します。

④　活動の要素と日案

そこで、活動の要素を考えると日案の原型が出来てくるのではないでしょうか。この案は例えば渡邉氏が提案していることと重なるといえるでしょう。子どもの活動の中核はすでに述べたように生活と遊びであるので、両方が重要です。そのうえで、複数の日案を用意しておきたいものです。

第1には、遊びを光の保育とする日案です。遊びが午前中の活動の中心として位置づけられている場合イメージしています。

第2には、生活を光の保育とする日案です。生活が午前中の活動の中心として位置

づけられるイメージです。

⑤ キーとなる活動を想定する

そのうえで、活動における質的深まりの視点から、キーとなる活動を想定することを提案したいと考えます。キーとなる活動とは、アメリカのハイスコープのプログラムで基本概念として示しているものです。

6、今後の課題—日案から統合的保育の内容づくりへ

以上述べてきたことは、保育か学校教育かではなく、保育所保育と幼稚園教育の両者の積極面を追求する保育内容の方向を示そうとしたものです。

従って、日案づくりのレベルからその積極面を生かす提案を行ってきました。その基本趣旨は活動の質的深まりをどのように達成するかであるといえるでしょう。活動の質的発展では、私の文脈では活動の内的操作・内的活動の側面について触れる必要があるのですが、しかし、本稿ではまったく触れていないので、他日を期したいと思います。

（文責　玉置哲淳）

6章　乳児保育の考え方と実践的保育計画編成論 −乳児の実践構造を踏まえて−

1、はじめに――問題の所在――

① 何故乳児保育を問うのか

　本稿は、新制度の実施の際に大阪総合保育大学総合保育研究所が開いたシンポジウムでの議論(本書に収録)を念頭においてそのシンポジウムの際に議論されなかった「乳児保育の課題と視点」を提示することを目的としています。

　幼児期の議論は、すでに保育所と幼稚園の内容的・実践的統合をどのようにするのか(統合しないのか)の議論になってきています。本書においても、幼稚園・保育所の2つの施設の機能的積極面をどう生かすのかを軸に検討しています。しかし、「乳児保育(ここでは3歳未満児の保育を示す)」のあり方をめぐっては、新指針において若干の言及は見られるものの従来の乳児保育のままとなる議論となることも危惧されています。しかし、教育・保育の統合の位置づけが変わるということは、「乳児の保育のあり方」も変わってくることになります。特に、乳児の保育内容では、乳児の保育を教育の視点で見直すことが新指針では提起されています。だが、乳児の保育に教育の視点を導入することは、乳児の保育をどのように位置づけるのかの議論につながることになるでしょう。

② 保育を教育の視点から見るとは

　この乳児の位置づけの問題は、保育実践からも重要です。大事な点は、児童福祉法の改訂により、後述するように保育所保育(特に乳児保育)は「保育に欠ける子ども」を保育するという発想から、「保育を必要とする子ども」に発想が転換したところです。これは重要な意味を持っているのは、公的保育が「やむを得ず」という発想を乗り越えて、「全ての子どもが幸せに過ごす」という発想にいたった点です。

　この発想の転換は、幼保一体化の筋道のはじまりとなり、教育の名において保育所保育の積極面が否定されることなく、また保育の名においての幼稚園教育の積極面も否定されることなく、両者のいいところを包摂する発想につながると考えられます。両者のいいところを生かす為に避けて通れないのは乳児の位置づけです。乳児の保育において、これまでの保育所保育のいいところを生かしつつ、教育を位置づける必要があります。よって、その理念・目標・内容等を改めて検討する必要があります。

　その検討の際に避けて通れないのは、家庭保育と社会的保育の関係でしょう。つまり、1970年から1980年代には、乳児は家庭で育てる方がよいのか、それとも、社会的保育が望ましいのか、という選択が提起されましたが今日なお放置されたままとなっています。理論上言えば、前者の理念を採用すれば、親・保護者との個別的「情愛の繋がり」が子どもを育てることが軸となります。また、後者の考え方を採用すれば、

子どもは親・保護者との個別的関係を超えた社会的な関係を結ぶべきであるということになります。この点を検討しておきます。

③ 情愛の関係を土台とした乳児保育の考え方

前者の立場では、個別的な「情愛の関係」が土台となり、その社会的保育の側面は幼稚園教育で充足されていると考えることも可能です。つまり、保育内容から考えても3歳までは可能な限り家庭の養育を土台として、親の労働は家庭での養育に合わせていくこととなります。具体的には、3歳までの子どもの保護者の労働時間の短縮や育児休暇の充実などを実施すると共に豊かな家庭支援を行うこととなります。この基本を前提にすれば、乳児の保育は、保育を必要とする子どもに限定すればいいと考えることも広く流布されてきました。極端に言えば、家庭での保育が望ましいのであって保育所保育における乳児の保育は不必要と考えることも理論上可能なのです。

例えば、その一つの視点を提起したボウルビイ[13]の情動的発達論は「家庭保育」のよさを積極的に認めた議論ともいえます。保育所関係者から言えばとんでもないと思われるかもしれませんが、母親の情動交流を念頭に考えるとき、ボウルビイの家庭養育重視論は、子どもの視点および福祉の視点からも捉えなおし位置づけていく必要があるともいえるのです。

例えば、親が働く選択を補償する意味での、「家庭保育と社会的保育の関係」を柔軟に選べるよう北欧のシステムなどでは念頭におかれています。つまり、家庭保育の重要性を認めつつ、社会的保育の必要性を取り入れていく柔軟な方向をとっているともいえます。こども園における「乳児の保育」は、まさにそこを丁寧に考え、「乳児の保育」の方向目標を定めることが重要でしょう。

④ 社会的保育を土台とした乳児保育の考え方

他方、後者の社会的保育の考え方は、女性も働きながら子育てをする家庭を念頭においています。その場合に、フルタイムとパートタイムの場合があります。フルタイムの場合に、少子化の時代の中で、「子どもも親も社会に開かれた存在である」との視点から保育所などの社会的保育を受けています。その社会的保育としての保育所保育は親の労働に適合している発想を採用しています。他方、パートタイムの場合の多くは働くことを子どもに適合する範囲の中、社会的保育を受けています。この発想を表6-1のようにまとめてみました。

---

[13] 愛情：ボウルビイ（Bowlby, J.）、乳幼児発達辞典、黒田実郎監修、岩崎学術出版社、p1-2より。
ボウルビイ（Bowlby, J.）は、アタッチメント（愛着）という言葉で、子どもの人への愛情的結びつきを表している。彼は、アタッチメントは生得的行動傾向によるもので、獲得されう動因ではないという。乳児は応答的刺激を与えてくれる人に対してアタッチメントを成立させる。そこで、アタッチメントの対象は必ずしも授乳してくれる親であるとは限らないのである。・・・子どもの愛情の発達は特に親子関係によって影響を受ける。親の過度の愛情は、いわゆる甘やかしとなり、子どもの心理的発達を停滞させ、他の子どもに対する愛情の発達に障がいをもたらす。逆に、親の愛情不足や親がいない場合、子どもの愛情の発達は遅れと歪みを示す。これはホスピタリズムやマターナル・デプリベーション（母性的養育の喪失）の問題として追及されている。（文献：黒田実郎他訳（1976）愛着行動（母子関係理論1巻）岩崎学術出版社）

表 6-1　社会的保育と乳児保育の関係性

	A　仕事をしない	B　フルタイムでない仕事	C　フルタイムの仕事
X　福祉・保育	AX　家庭責任	BX　家庭責任	CX　家庭責任＋保育所保育
Y　社会的保育（家族共同体など	AY　孤立化傾向個人的契約による社会的保育　家庭保育支援	BY　個人的契約、家庭保育支援	CY　保育所保育、夜間保育など家庭保育支援
Z　保育・教育	AZ　3歳以上は幼稚園	BZ　3歳以上は幼稚園	CZ　保育所保育

　表 6-1 で理解できることは、A 層が家庭保育＋幼稚園教育という考えて子育てが営まれており情愛を軸にした保育を家庭で実現しようとしていますが、家庭の基盤がすでに共同体から孤立する傾向が強いためにいろいろな課題を持たざるをえないということも示しています。また、B 層はいろいろな工夫があるとはいえ制度上受け止めが困難となっており、潜在的な待機児童の基板となっています。さらに、C 層では家庭での子育てか仕事かが絶えず問われる状況があると言えるでしょう。

　こうした3つの層への丁寧な対応が必要であり、今回の新制度において多様なニーズに応えることを軽視しないことが出発点であるといえます。

　結局のところ、我が国の「乳児の保育の制度」は、仕事か子供か、孤立した家庭での子育てか、社会的保育かという貧困な選択肢しか提示できていない現状があります。「子どもの最善の利益のため」には、社会的保育を実現する可能性をしっかり示しておく必要があるといえないでしょうか。

　本稿は、そうした保育所と幼稚園の関係を念頭においた上で保育と教育が結合した「社会的保育」としての保育内容を検討したいと考えます。

2、新保育所保育指針で提起されている「乳児の保育」のあり方

① 乳児保育の考え方

（1）新保育所保育指針の乳児保育の検討の重要性

　ここでは、2018年度より実施される新保育所保育指針（以下指針という）における乳児保育のあり方を検討します。指針はいろいろな考え方の総和を書いた行政文書でもあるので、保育内容編成を直接に方向づけるものではないという意見もあり、また原理的にも実情に応じて保育所が現場で生き生きとした判断をすることが奨励されています。しかし、指針が何を目的としているかを把握し、指針と一致させることが求められています。そこで乳児保育の保育内容編成を、指針では考えているかをトレースすることとしたいと考えます。まず今回の改定を乳児保育・乳児保育編成論を念頭

に整理をしておきましょう。

(2)「保育に欠ける子」から「保育を必要とする子」へ―乳児保育の転換―

乳児保育のあり方を議論する際に、指針においていくつか留意することがあります。

1つは、「保育を必要とする子ども」の視点を持つことを以下のように鮮明にしたことです。

> 保育所は、児童福祉法（昭和22年法律第164号）第39条の規定に基づき、保育を必要とする子どもの保育を行い、その健全な心身の発達を図ることを目的とする児童福祉施設であり、入所する子どもの最善の利益を考慮し、その福祉を積極的に増進することに最もふさわしい生活の場でなければならない。

保育所は「保育に欠ける」子どもを保育することを目的に従来していましたが、「保育を必要とする子ども」に視点を変更しました。何を持って「保育を必要とする」と判断するのか、また、誰が判断するのかという問題がありますが、「保育に欠ける」というこれまでの児童福祉の発想から区別しようとしていることは高く評価されます。保育はすべての子どもの福祉・教育を目指す方向に1歩踏み出したことになります。同時に、注意を払いたいことは保育所が「児童福祉施設」であることを堅持したことです。乳幼児の保育が教育に解消されるのではなく、積極的に福祉の視点を堅持したことを明記しています。

② 育てる保育の目標の整理
(1) 保育を考える土台としての養護と教育の目標

次に、指針では「ねらい」は、第1章の1の(2)に示された保育の目標をより具体化したもので、子どもが保育所において、安定した生活を送り、充実した活動ができるように、保育を通じて育みたい資質・能力を子どもの生活する姿から捉えたものです。また、「内容」は、「ねらい」を達成するために、子どもの生活やその状況に応じて保育士等が適切に行う事項と、保育士等が援助して子どもが環境に関わって経験する事項を示したものとして養護と教育の両面からのねらいを次のように提示しています。

> 保育における「養護」とは、子どもの生命の保持及び情緒の安定を図るために保育士等が行う援助や関わりであり、「教育」とは、子どもが健やかに成長し、その活動がより豊かに展開されるための発達の援助である。本章では、保育士等が、「ねらい」及び「内容」を具体的に把握するため、主に教育に関わる側面からの視点を示しているが、実際の保育においては、<u>養護と教育が一体</u>となって展開されることに留意する必要がある。

この養護と教育が2つの柱となっているのはこれまでどおりです。教育を養護・福祉の視点抜きに語る傾向がありましたが、地域・家庭の状況変化は養護・福祉の視点を堅持することが求められています。後述するように、養護は子どもの生命の保持・情緒の安定というように狭く理解するのか

という問題があるとしても、福祉・医療・地域や家庭における子どもの関わりなど子どもが直面している課題全体に保育は関与する総合的な役割を意識する必要があります。よって、保育所（保育者）が子どもを全体として理解し、共に歩む保育を実現することが求められているとの観点から養護を理解したいものです。

この観点からはどのような保育の目標を指針は提示しているのであろうか考えてみたいと思います。

（2）指針の保育目標

> **(2) 保育の目標**
> ア 保育所は、子どもが生涯にわたる人間形成にとって極めて重要な時期に、その生活時間の大半を過ごす場である。このため、保育所の保育は、子どもが現在を最も良く生き、望ましい未来をつくり出す力の基礎を培うために、次の目標を目指して行わなければならない。
> （ア）十分に養護の行き届いた環境の下に、くつろいだ雰囲気の中で子どもの様々な欲求を満たし、生命の保持及び情緒の安定を図ること
> （イ）健康、安全など生活に必要な基本的な習慣や態度を養い、心身の健康の基礎を培うこと。
> （ウ）人との関わりの中で、人に対する愛情と信頼感、そして人権を大切にする心を育てるとともに、自主、自立及び協調の態度を養い、道徳性の芽生えを培うこと。
> （エ）生命、自然及び社会の事象についての興味や関心を育て、それらに対する豊かな心情や思考力の芽生えを培うこと。
> （オ）生活の中で、言葉への興味や関心を育て、話したり、聞いたり、相手の話を理解しようとするなど、言葉の豊かさを養うこと。
> （カ）様々な体験を通して、豊かな感性や表現力を育み、創造性の芽生えを培うこと。
> イ 保育所は、入所する子どもの保護者に対し、その意向を受け止め、子どもと保護者の安定した関係に配慮し、保育所の特性や保育士等の専門性を生かして、その援助に当たらなければならない。

この目標は旧来のものを踏襲したもので、養護はア、教育はイからカの5つの領域で提示しています。注意したいことは、アでは「安定を図る」と保育の意図性が明確なのに対して、また、オは「養う」とありますが、それ以外は「培うこと」とあります。ただし、培うという場合には、「○○を育て（育み）」とあります。この言葉のもつ意味は保育の目標をどう考えるのか、つまり、子どもの成長・発達の目標なのか、それとも、保育の目標なのかという問題とも関連して保育の実態からどう理解するのかという課題があると言えるでしょう。つまり、成長・発達の目標だとすれば子どもの育つさまざまな面を細部にわたって整理されるべきであり、子どもの育ちはこのような領域で捉えることの妥当性を検討せざるをえないであるといえます。また、保育の目標であるとすれば子どもの活動の形態（子どもの生活活動を通して育てるのかなど）を

含めた保育の方向性が整理されるべきでしょう。「養護と5領域は一体的に展開される」としていることに注意を払う必要がありますが後述します。

(3)「育みたい資質・能力」

この保育の目標以外に2つの方向性を示しています。一つは、「育みたい資質・能力」を「4幼児教育を行う施設として共有すべき事項」として以下の方向を示しています。

> (1) 育みたい資質・能力
> ア保育所においては、生涯にわたる生きる力の基礎を培うため、1の(2)に示す保育の目標を踏まえ、次に掲げる資質・能力を一体的に育むよう努めるものとする。
> (ア) 豊かな体験を通じて感じたり、気付いたり、分かったり、できるようになったりする「知識及び技能の基礎」
> (イ) 気付いたことや、できるようになったことなどを使い、考えたり、試したり、工夫したり、表現したりする「思考力、判断力、表現力等の基礎」
> (ウ) 心情、意欲、態度が育つ中で、よりよい生活を営もうとする「学びに向かう力、人間性等」
> イアに示す資質・能力は、第2章に示すねらい及び内容に基づく保育活動全体によって育むものである。

前述した「養護・教育(5領域)のねらいと内容」がありますのでこの「資質・能力」との関係が整理される必要があります。また、この3つの視点は、従来の心情・意欲・態度との関係も整理されなければならないのですが、子どもたちの活動の姿で考えてみると、当然の視点ともいえるでしょう。

さらに、小学校との連携の観点ということでは10の「姿」を次のように提示しています。指針は保育の方向性を保育修了時点での「子どもの姿」として示しています。

(4) 幼児期の終わりまでに育ってほしい姿—小学校との接続・連携の目標

次に示す「幼児期の終わりまでに育ってほしい姿」は、「第2章に示すねらい及び内容に基づく保育活動全体を通して資質・能力が育まれている子どもの小学校就学時の具体的な姿であり、保育士等が指導を行う際に考慮するものである」と述べ10の項目を挙げています。10の姿は、ア健康な心と体、イ自立心、ウ協同性、エ道徳性・規範意識の芽生え、オ社会生活との関わり、カ思考力の芽生え、キ自然との関わり・生命尊重、ク数量や図形・標識や文字などへの関心・感覚、ケ言葉による伝え合い、コ豊かな感性と表現、となります。この10の姿は保育のねらいとして3つ目の方向付けとなっています。確かに、幼保と小学校の接続の問題は重要です。しかし、この10の姿が保育の目標に関与するとすれば保育現場ではどのように統合的に理解するのかが課題と考えなければならないでしょう。

(5) 目標をどのように立てるか

以上のように、1つ目に「養護及び教育」の領域からの目標提示がされ、それを踏まえて2つ目に養護の2領域及び教育5領域の目標を掲げています。さらに、3つ目に

「育みたい資質・能力」として「知識・技能・人間性」の3つを掲げています。さらに、4つ目に「幼児期の終わりまでに育ってほしい姿」を掲げています。

この目標の4次元構造はなかなか理解することが難しいでしょう。たとえば、「10の姿」は子どもの姿であり子どもの行動であるとすればこれは領域として考えることも出来ます。

例えば、第1領域、健康ア、第2領域、社会性（イ、ウ、エ、オ）、第3領域、自然やもの（カ、キ）、第4領域、思考と表現（ク、ケ、コ）とすることも出来ますが、他の目標の整合性が明確になることは難しいと言えます。よって、目標をどこから導き出すのかを保育現場では明確にしておく必要があるのです。この複数の目標提示は統合的に保育計画に包摂される必要があるため保育の現場に混乱を持ち込む可能性があります。というのは、4つが矛盾はしていなくても、押えどころや力点が異なることで保育のあり方が変わり、保育実践が変わることになるので、整理しておく必要があるでしょう。

③ 乳児保育の方向の検討
（1）3視点を0歳児では提案
1歳児未満においては次のように保育の方向を示しています。

> イ 本項においては、この時期の発達の特徴を踏まえ、乳児保育の「ねらい」及び「内容」については、身体的発達に関する視点「健やかに伸び伸びと育つ」、社会的発達に関する視点「身近な人と気持ちが通じ合う」及び精神的発達に関する視点「身近なものと関わり感性が育つ」としてまとめ、示している。

この3つの視点に基づいて3つの視点ごとに「ねらいと内容」および、「内容の取り扱い」を示していますので、乳児保育の領域となっていると思われます。

この視点を理解する際に、次の点を留意すべきでしょう。

1965年保育所保育指針で示していた0・1歳児の「生活」と「遊び」の区分、2歳児の「生活」と「遊び」・「社会」の区分が「視点」という名で運動・社会・精神的領域の3領域を提起していると受け止めることも可能です。この視点は、乳児保育を教育の視点から見直すという含意だと考えることも可能ですが、どうしてこの3視点なのかという問題は残っています。例えば、教育の視点から言えば、1歳児以上の保育と同様に養護＋5領域という区分を採用する方が、一貫性があるともいえるからなのです。

つまり、0歳児においては「発達の領域」と「保育・教育の領域」とが重なり合っているのですが、保育ではどのような内容と働きかけが必要であるのかを明示することが望ましいでしょう。また、発達の側面では成長する側面を記述する必要があります。特に、ねらいと内容、ねらいと活動の関係を意識して整理することが必要ではないでしょうか。なぜ取り入れなかったのかと言う点にも注意しておきたいものです。

そこで、乳児保育においては、この3つが妥当かどうかを考える必要があるのです。子どもの生活行動は、特に個別的情動的交流が土台となると考えて検討したいと考え

ますが、詳しくは後述します。

（2）0歳児の発達理解は乳児保育の方向を示しているか

> ア 乳児期の発達については、視覚、聴覚などの感覚や、座る、はう、歩くなどの運動機能が著しく発達し、特定の大人との応答的な関わりを通じて、情緒的な絆が形成されるといった特徴がある。これらの発達の特徴を踏まえて、乳児保育は、愛情豊かに、応答的に行われることが特に必要である。

以前の指針では、「第2章子どもの発達」で子どもの発達の姿を細かく書いていたのですが、今回は縮小してまとめて書いています。しかし、単なる量の問題ではなく、子どもの生活・関係からとらえるという視点が弱いことに注意を払うべきでしょう。

つまり、乳児期は、「感覚及び運動機能が発達し、応答的関わりが乳児期の保育の特徴」として掲げています。ただし、「子どもと大人の相互依存的・相補的関係」が提示されていないのです。例えば、食するときにスプーンで食べさせてもらうのは、「子どもの口をあける→スプーンで口までもっていく→口に入れる→飲み込む」などといった行為の過程があってこそ、結果可能となります。つまり、ある部分を大人が担い、ある部分を子どもが担うのです。このような分担の活動はほとんど大人の活動のように見えますが、実際は相補的関係なのです。この関係は子どもの生活活動のさまざまな面で示されていますが、乳児の保育においては特に顕著です。この点については詳述

しますが、融合的生活活動の発想をもち、乳児保育の土台として相補的生活活動を位置づけたいと考えます。

ともあれ、上記の課題意識から、0歳児保育のねらいと内容を次のように指針は示しています。

（3）0歳児（乳児保育）のねらいと内容

> **(2) ねらい及び内容**
> **ア 健やかに伸び伸びと育つ**
> 健康な心と体を育て、自ら健康で安全な生活をつくり出す力の基盤を培う。
>
> **（ア）ねらい**
> ①身体感覚が育ち、快適な環境に心地よさを感じる。
> ②伸び伸びと体を動かし、はう、歩くなどの運動をしようとする。
> ③食事、睡眠等の生活のリズムの感覚が芽生える。
>
> **（イ）内容**
> ①保育士等の愛情豊かな受容の下で、生理的・心理的欲求を満たし、心地よく生活をする。
> ②一人一人の発育に応じて、はう、立つ、歩くなど、十分に体を動かす。
> ③個人差に応じて授乳を行い、離乳を進めていく中で、様々な食品に少しずつ慣れ、食べることを楽しむ。
> ④一人一人の生活のリズムに応じて、安全な環境の下で十分に午睡をする。
> ⑤おむつ交換や衣服の着脱などを通じて、清潔になることの心地よさを感じる。

基本となることは、「健康な心と体を育て、自ら健康で安全な生活をつくり出す力の基盤を培う」であり当然のことのように思えますが、果たしてそうなのでしょうか。この視点は乳児保育の実際において周知しているように、姿勢の転換を始め「さまざまな身体移動・活動の感覚」は、大人への依存や一体的活動・やり取り（○○ちゃんこまでおいで→来た来た→「オーかわいい」等）という関係性の中で育つものであると理解されます。子どもと保育者が一体的であるとの土台形成があって始めて運動感覚が育つことに注意する必要があります。この視点は、次の「イ身近な人と気持が通じ合う」とつながりますが、このことに指針はどう触れているのでしょうか。

イ身近な人と気持ちが通じ合う
受容的・応答的な関わりの下で、何かを伝えようとする意欲や身近な大人との信頼関係を育て、人と関わる力の基盤を培う。
（ア）ねらい
①安心できる関係の下で、身近な人と共に過ごす喜びを感じる。
②体の動きや表情、発声等により、保育士等と気持ちを通わせようとする。
③身近な人と親しみ、関わりを深め、愛情や信頼感が芽生える。
（イ）内容
①子どもからの働きかけを踏まえた、応答的な触れ合いや言葉がけによって、欲求が満たされ、安定感をもって過ごす。
②体の動きや表情、発声、喃語等を優しく受け止めてもらい、保育士等とのやり取りを楽しむ。
③生活や遊びの中で、自分の身近な人の存在に気付き、親しみの気持ちを表す。
④保育士等による語りかけや歌いかけ、発声や喃語等への応答を通じて、言葉の理解や発語の意欲が育つ。
⑤温かく、受容的な関わりを通じて、自分を肯定する気持ちが芽生える。

確かに、ここでは、ねらいは上記した関係の視点から書かれているといえなくもありません。しかし、いくつかの課題があると言えるでしょう。

1つは、大人との関係が成立するためには、さまざまな生活活動が築かれる必要がある点です。例えば、授乳の積み重ねの中で大人との関係が育ちます。子どもが何かを細くする活動の繰り返しの中で、一緒に楽しかった体験が大人との関係性を構築するのです。つまり、関係性を育てるためには活動の内容を見通すことが必要だといえます。

2つには、保育者との関係性でこの時期の土台となることは、子ども一人一人が保育者一般とのかかわりではなく、特別な大人(保育者)とのやり取りと交流を積み重ねていくことに視点を置くことです。すなわち、親・保護者との関係と同様に、「この人でなければいや」という関係の構築が重要です。

そのことを指針では「安心できる関係の下で」などと表現しています。しかしながら、基本は、子どもにとっての1対1の関係が作れることで、いわば、「この先生だったら

しがみつく」というような関係が重要でしょう。

3つに、子どもの活動の中にある子どもの意図性・子どもの「内的活動」を読み取る大人が必要だという点です。0歳児は、子どもの感情表現行動（泣くなど）にとらわれて子どもの内的活動を軽視する傾向があります。先の大人との関係性という点で言えば、子どもの意図性を「理解されている」という子どもの感覚は重要です。このためには、子どもとの共同活動の中で保育者自身が専門性を発揮する必要があります。このため、大人との交流は、「食べる・一緒に寝る等」といった生活経験(活動)や「追う―追われる」などの遊び体験(活動)の中で1対1の関係は生じ、「理解されているという子どもの感覚の育ちが重要であるのです。交流のないところで子どもの育ちはないと考えるべきでしょう。

では、次に、「ウ身近なものと関わり感性が育つ」という活動ではどうでしょうか。このことに触れているのでしょうか。

> **ウ身近なものと関わり感性が育つ**
> 身近な環境に興味や好奇心をもって関わり、感じたことや考えたことを表現する力の基盤を培う。
> （ア）ねらい
> ①身の回りのものに親しみ、様々なものに興味や関心をもつ。
> ②見る、触れる、探索するなど、身近な環境に自分から関わろうとする。
> ③身体の諸感覚による認識が豊かになり、表情や手足、体の動き等で表現する。

> （イ）内容
> ①身近な生活用具、玩具や絵本などが用意された中で、身の回りのものに対する興味や好奇心をもつ。
> ②生活や遊びの中で様々なものに触れ、音、形、色、手触りなどに気付き、感覚の働きを豊かにする。
> ③保育士等と一緒に様々な色彩や形のものや絵本などを見る。
> ④玩具や身の回りのものを、つまむ、つかむ、たたく、引っ張るなど、手や指を使って遊ぶ。
> ⑤保育士等のあやし遊びに機嫌よく応じたり、歌やリズムに合わせて手足や体を動かして楽しんだりする。

ここでは、活動の内容が触れられていますが、逆に、保育者との関わりが書かれていないともいえないでしょうか。物とのかかわりも、子どもが勝手に物と出会えるわけではありません。大人の生活活動を通じて、大人が「はいどうぞとみせる→手をだしてつかもうとする→つかまえた→にっこり笑う→みてみてと差し出す→ちょうだいと大人が手を差し出す等」といった特別な大人(保育者)とのやり取りと交流を積み重ねていくことです。大人と子どもの交流保育の実際においては、手を出すといった身体の感覚は大人とのやり取りという関係性の中で育つものなのです。

（4）1歳以上3歳未満児の保育のねらいと内容

次に、1歳以上3歳未満児の保育を見ることにしましょう。この時期は基本的に以下のように幼児と同じ考え方となっています。

> 「本項においては、この時期の発達の特徴を踏まえ、保育の「ねらい」及び「内容」について、心身の健康に関する領域「健康」、人との関わりに関する領域「人間関係」、身近な環境との関わりに関する領域「環境」、言葉の獲得に関する領域「言葉」及び感性と表現に関する領域「表現」としてまとめ、示している。」
>
> 3歳以下の場合にも5つの領域の視点から保育内容を編成していることを提示している。
>
> そして、「ウ本項の各領域において示す保育の内容は、第1章の2に示された養護における「生命の保持」及び「情緒の安定」に関わる保育の内容と、一体となって展開されるものであることに留意が必要である。」と述べているので、養護2領域と教育5領域と理解することもできる。

実際には、領域のねらい・内容は、3歳児以上の内容の基礎というような位置づけとなっており、実際には5領域のねらい・内容の語尾が基礎と考えられるような言葉として示そうとしています。すなわち、発達過程上のつながりを意識しつつも3歳以上の前段階であることを示しているといえます。しかしながら、ここでも、相補的生活活動は子どもの自主的なものへと移行しますが、このダイナミックスが明確ではありません。

次に、1歳以上3歳未満児の保育に関わるねらい及び内容を次のように示されています。

2　1歳以上3歳未満児の保育に関わるねらい及び内容

(1) 基本的事項

ア この時期においては、歩き始めから、歩く、走る、跳ぶなどへと、基本的な運動機能が次第に発達し、排泄の自立のための身体的機能も整うようになる。つまむ、めくるなどの指先の機能も発達し、食事、衣類の着脱なども、保育士等の援助の下で自分で行うようになる。発声も明瞭になり、語彙も増加し、自分の意思や欲求を言葉で表出できるようになる。このように自分でできることが増えてくる時期であることから、保育士等は、子どもの生活の安定を図りながら、自分でしようとする気持ちを尊重し、温かく見守るとともに、愛情豊かに、応答的に関わることが必要である。

イ 本項においては、この時期の発達の特徴を踏まえ、保育の「ねらい」及び「内容」について、心身の健康に関する領域「健康」、人との関わりに関する領域「人間関係」、身近な環境との関わりに関する領域「環境」、言葉の獲得に関する領域「言葉」及び感性と表現に関する領域「表現」としてまとめ、示している。

ウ 本項の各領域において示す保育の内容は、第1章の2に示された養護における「生命の保持」及び「情緒の安定」に関わる保育の内容と、一体となって展開されるものであることに留意が必要である。

1つは、アの位置づけが問題となるでしょう。すなわち、アは養護の目標を提示しており、イにおいて保育の領域後との教育目標を提示しています。幼児教育は子どもの生活から見ると生活活動に即して保育・教育されるというのが普通でしょう。このために、ウにおいてそれが一体のものだとしていることは当然のことです。はじめから養護を含めた生活活動を土台とし「どのような保育・教育が必要であり可能なのか」を指摘すべきだと考えることもできます。

2つに、特に重視したいのは生活活動への意欲の展開と進化です。この時期、子どもたちは自分の静活動を通して「セルフ」（自己）を確立し大人との依存関係・一体化の関係から脱却してきます。その活動の中で子どもの好みが見えてくるのです。食べ物の好き嫌いなどは主に食べやすさ（大きさ・硬さなど）・味の程度などに左右されますが、それが味覚を土台とした好みへと成長していきます。こうした生活活動の中で子どもが活動に対する意欲（楽しさを軸とした）をどう育んでいくのかが重要です。

ここでも、相補的生活活動が見えてきません。個別にあげているねらいと内容は、保育の実践では相補的生活活動を保育者が支え発展させています。しかし、移動などの運動はほんの少しの手助けですむ場合もあり、言語の活動のように相補的関係が重要なものです。そのように考えると、領域が前面に出ることで、かえって子どもの活動が見なくなるということもあります。生活への意欲・生きる力は、子どもの興味・関心にも規定されるので、生活と遊びの領域でねらいを考える方がよいとも言えるのではないでしょうか。

（5）3歳児以上のねらいと内容

3歳児以上については次のように示されます。実際には、2008年の内容を踏襲しつつ、一部加筆されています。5領域のねらい・内容は、3歳児以上は幼稚園教育要領（こども園要領）と同じ内容が示されています。保育所保育と幼稚園（こども園）の違いは、基本的にはないという発想を貫こうとしているようにも見えますが、同じ子どもとして整合性をつけ、就学に向けては同じ方向性を示しながら共通理解をしようとしているともいえるでしょう。

3歳児以上においては、相補的生活活動は子どもの自主的なものへと移行します。しかしながら、このダイナミックスが明確ではありません。

3　3歳以上児の保育に関するねらい及び内容
(1) 基本的事項

ア この時期においては、運動機能の発達により、基本的な動作が一通りできるようになるとともに、基本的な生活習慣もほぼ自立できるようになる。理解する語彙数が急激に増加し、知的興味や関心も高まってくる。仲間と遊び、仲間の中の一人という自覚が生じ、集団的な遊びや協同的な活動も見られるようになる。これらの発達の特徴を踏まえて、この時期の保育においては、個の成長と集団としての活動の充実が図られるようにしなければならない。

イ 本項においては、この時期の発達の特徴を踏まえ、保育の「ねらい」及び「内容」について、心身の健康に

関する領域「健康」、人との関わりに関する領域「人間関係」、身近な環境との関わりに関する領域「環境」、言葉の獲得に関する領域「言葉」及び感性と表現に関する領域「表現」としてまとめ、示している。
ウ 本項の各領域において示す保育の内容は、第1章の2に示された養護における「生命の保持」及び「情緒の安定」に関わる保育の内容と、一体となって展開されるものであることに留意が必要である。

④ 指針の乳児保育計画の編成論
（1）乳児の保育内容の編成とは

では、どのように保育内容の編成をするべきでしょうか。指針は保育内容の編成として、「保育の計画及び評価」は次の3つを念頭におくことを提示しています。

ア 保育所は、**全体的な計画**に基づき、具体的な保育が適切に展開されるよう、子どもの生活や発達を見通した長期的な指導計画と、それに関連しながら、より具体的な子どもの日々の生活に即した短期的な指導計画を作成しなければならない。

ここから理解できることは、全体的な計画がまずあり、その上で、子どもの生活や発達を見通した「長期指導計画」と「より具体的な子どもの日々の生活に即した短期的な指導計画」を作るということです。ここで注意することは、長期・短期とも「子どもの生活に即して」編成することを方向付けていることです。では、具体的にどうすればよいのでしょうか。

イ 指導計画の作成に当たっては、第2章及びその他の関連する章に示された事項のほか、子ども一人一人の発達過程や状況を十分に踏まえる。

（2）注意点の提示

そして、次の事項に留意しなければならないとして、次の3点を挙げています。

（ア）3歳未満児については、一人一人の子どもの生育歴、心身の発達、活動の実態等に即して、個別的な計画を作成すること。
（イ）3歳以上児については、個の成長と、子ども相互の関係や協同的な活動が促されるよう配慮すること。
（ウ）異年齢で構成される組やグループでの保育においては、一人一人の子どもの生活や経験、発達過程などを把握し、適切な援助や環境構成ができるよう配慮すること。

（3）具体的な手順

そして、やや具体的に次の手順が示されています。

ウ 指導計画においては、保育所の生活における子どもの発達過程を見通し、生活の連続性、季節の変化などを考慮し、子どもの実態に即した具体的なねらい及び内容を設定すること。また、具体的なねらいが達成されるよう、子どもの生活する姿や発想を大切にして適切な環境を構成し、子どもが主体的に活動できるようにすること。

> **エ** 一日の生活のリズムや在園時間が異なる子どもが共に過ごすことを踏まえ、活動と休息、緊張感と解放感等の調和を図るよう配慮すること。
> **オ** 午睡は生活のリズムを構成する重要な要素であり、安心して眠ることのできる安全な睡眠環境を確保するとともに、在園時間が異なることや、睡眠時間は子どもの発達の状況や個人によって差があることから、一律とならないよう配慮すること。
> **カ** 長時間にわたる保育については、子どもの発達過程、生活のリズム及び心身の状態に十分配慮して、保育の内容や方法、職員の協力体制、家庭との連携などを指導計画に位置付けること。
> **キ** 障害のある子どもの保育については、一人一人の子どもの発達過程や障害の状態を把握し、適切な環境の下で、障害のある子どもが他の子どもとの生活を通して共に成長できるよう、指導計画の中に位置付けること。また、子どもの状況に応じた保育を実施する観点から、家庭や関係機関と連携した支援のための計画を個別に作成するなど適切な対応を図ること。

（4）指導計画の実施について

　具体的な手続きを見ると、活動を押さえていることが理解されます。すなわち、「(3)指導計画の展開」では次のように述べています。

> 「指導計画に基づく保育の実施に当たっては、次の事項に留意しなければならない。
> **ア** 施設長、保育士など、全職員による適切な役割分担と協力体制を整えること。
> **イ** 子どもが行う<u>具体的な活動</u>は、<u>生活の中で様々に変化することに留意して</u>、子どもが望ましい方向に向かって自ら活動を展開できるよう必要な援助を行うこと。
> **ウ** 子どもの主体的な活動を促すためには、保育士等が多様な関わりをもつことが重要であることを踏まえ、子どもの情緒の安定や発達に必要な豊かな体験が得られるよう援助すること。
> **エ** 保育士等は、子どもの実態や子どもを取り巻く状況の変化などに即して保育の過程を記録するとともに、これらを踏まえ、指導計画に基づく保育の内容の見直しを行い、善を図ること。

　このように子どもの活動を土台として必要な援助（計画）を行うとしています。

（5）保育の環境について

　また、保育の環境の項では次のように述べられています。

> **（3）保育の環境**
> 保育の環境には、保育士等や子どもなどの人的環境、施設や遊具などの物的環境、更には自然や社会の事象などがある。保育所は、こうした人、物、場

> などの環境が相互に関連し合い、子どもの生活が豊かなものとなるよう、次の事項に留意しつつ、計画的に環境を構成し、工夫して保育しなければならない。
> **ア** 子ども自らが環境に関わり、自発的に活動し、様々な経験を積んでいくことができるよう配慮すること。
> **イ** 子どもの活動が豊かに展開されるよう、保育所の設備や環境を整え、保育所の保健的環境や安全の確保などに努めること。
> **ウ** 保育室は、温かな親しみとくつろぎの場となるとともに、生き生きと活動できる場となるように配慮すること。
> **エ** 子どもが人と関わる力を育てていくため、子ども自らが周囲の子どもや大人と関わっていくことができる環境を整えること。

この「保育の環境」で示されている4つの事項が重要です。ここでは環境と関わって保育実践の具体的な方向を示しているからです。そして、その内容は子どもの活動に関わるものであり、保育実践につながるものでもあるからです。

しかしながら、乳児保育においては、何が発展する生活活動なのか遊び活動なのか、どのような相補的関係（後述p80〜p81）を構築するべきか、が明確でないために、環境整備の意味が不明確になっているといえるのではないでしょうか。

3、生活・遊びの土台からの乳児保育

① 保育所保育指針を踏まえた「乳児保育の課題」

以上のことから、乳児保育の理念と方向、保育計画の編成論を考えてみましょう。

その際に、乳児保育の議論の前提に、年齢区分をどう考えるのかが出発点となります。今回の指針では、従来の「1歳3ヶ月未満」「1歳3ヶ月から2歳」「2歳児」「3歳児」「4歳児」「5歳児」の6区分をなくし、「1歳まで」「1歳から3歳まで」「3歳以上」の3区分としています。3区分ごとに「保育の目標」などの方向を明示しているので、これを念頭に整理することにしましょう。

全体として指針は、具体的な保育実践とは直接つながっていない部分があります。これは、ガイドライン・「行政文書」の側面を持つ以上やむをえないところがあるのです。よって、上記で書かれていることは大いに参考にすべきですが、指針がいうとおり保育現場での判断が重要であると受け止めることも必要です。また、そうした具体的な実践を一定の方針をもって積み上げ・整理することが必要でしょう。

この整理のために、乳児保育の特質・乳児保育の理念をどう考えるか、及び、乳児保育の計画の編成をどう考えるかを検討することが必要であるので、指針も言う保育のマネジメントも念頭において計画の編成をどのようにするのかを考えてみたいと思います。

② 乳児の成長は生活活動を土台とする

乳児保育の特質が指針の説明によって明確になったという人もあれば、抽象的で分

からないという人もいるでしょう。指針は子どもを総合的に捉えることを提起する一方、保育内容や発達を領域・指針などに細分化していることを試みています。細分化をすることは、子どもの成長の観点をもつことであり、発達のいろいろな側面を詳細に捉える前提であるということもできます。

重要なポイントは、乳児保育において可能な限り切り離さないで全体としての子どもを捉えながら子どもの成長・発達を確かなものとすることであると言えるでしょう。

乳児保育の場面で考えると、子どもたちの生活活動・生きる活動が軸としてあり、その土台の上に発達の側面を捉える必要があります。これを逆にすると子どもを発達の側面から切り分けた上でその統合を図るということになってしまいます。つまり、例えば、子どもの「生活の中での移動」の積み重ねなしに運動能力（例えば歩く運動）の成長はありえませんし、大人との「情動のやり取りする生活」の土台にコミュニケーション力が育つことは明白です。生活活動が豊かになることが成長発達の基礎となっているのです。よって、生活の主体として「生活する」ことを土台と考える必要があります。

乳児を保育する際に多くの大人は運動能力の育ちのために特別の練習をしているわけではありません。むしろ、子どもの生活における子どもの行動を通して保育のありようを検討しているのです。しかし、指針は生活の位置づけがあいまいとなるか、発達という名において発達の諸側面に子どもを切り分けることになっています。

実践的に言えば、「子どもは保育所での生活があり、その中でいろいろな活動があり、保育が行われる。」と考えれば、「乳児がどのような生活を送ることが望ましいのか」、そして、「生活の中での保育はどうあるべきか」を考えることなしには、「子どもの成長が重要である」とは言えないのではないでしょうか。

③ 子どもの生活活動と保育編成の視点 ―ねらいか活動かの二項対立を超えて―

では、「子どもの生活活動から保育の編成を考える」とはどういうことでしょうか。

これまでの議論で大事なことは、活動中心主義（65指針）かそれとも領域のねらい・目標を軸とする（08指針）のかという課題ともいえます。結論的にいえば、領域も大事であり、生活も大事であるといえるのです。しかし、その2つの統合を目指すためには、活動の構造を理解しなければならないと考えます。その構造についてすでに玉置（2008）が指摘しているように外的活動×内的活動、活動内容行動×関係行動、のマトリックスを念頭において保育のプランを考えると表6-2のように整理することも出来ます。

生活活動はそれ自身構造として働くのです。子どもの育てる目標・ねらいを「外から見える活動」を軸にすることはすでに指摘してきました。（この指摘については、総合保育研究所第4プロジェクトで詳しく研究を行っています）。65指針で主張されていますが保育の中で育てるのは「遊びや生活の中での子どもの行動する力である」と考えてきたからです。ただし、この子どもの行動力を育てるということは、保育者が「望ましい経験や活動」と認めたことに子

表6-2　ねらい編成の土台

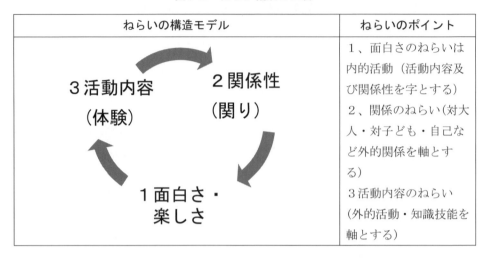

どもを追い込むことではありません。活動の構造を理解し保育者から働きかける必要があるのです。特に、月齢ごとに掲げたスプーンを使うなどの行為は目安であっても目標・ねらいとしては著しく一面的です。というのは、スプーンの使用は、単純な「スプーンですくう・口に持ってくる・口をあける・食べる・噛む・飲み込む」という一連の子どもの行為を前提にしているからです。乳児も「食べる機械」ではなく、「これおいしいな・先生おいしそうに食べてる」などの食の「楽しみ」をもち、さらには、「スプーンをこう使えるのよ」など技能のイメージなどを含む子どもの意思・行動イメージなど「内的操作・活動」が関与することを正当に保育計画に位置づける必要があることを提起してきました。指導計画の編成はいずれにしてもこの「活動から入る・活動へ戻る」などといった活動から離れられないことは明白だと考えています。

④　相補的関係とは
（１）乳児の生活活動は相補的関係を土台とする

次に、「乳児の生活活動にはどんな乳児の固有の活動があるのか」を問う必要があります。

乳児の生活活動の特徴は、相補的生活活動です。というのは、保育を教育の発想で捉えるという場合は、学校教育における「教師と子どもの関係」を典型とする枠組みがいつの間にか入ってきたということがあります。しかし、実際の保育場面でそうした発想を取り入れると乳児保育は殆ど無意味なものとなってしまうと思う人は多いのです。そのため、前述したように「保育は生活を通して行われるもの」であり、学習それ自体を目的とする教育とは自ずと異なることを強調してきました。しかし、より根源的な問題は保育を考える際に大人・教師と子どもの関係に注目する必要があると考えます。

保育者と子どもの関係において乳児は著

しく大人に依存的であり、大人の行動がそのまま子どもの行動の一部になっているといってもよいと考えられます。たとえば、子どもが食べたり・周りを動き回ったりするという「生きる活動」において大人が関与し世話をすることで始めて生きる活動が完結するということはありません。「食する」ことは大人の支えを前提とし、生活活動は大人の支えなくしては成り立たないのです。同時に、食することは子ども自身の「生きる活動」（食するという場合に食べようとする意欲や飲み込もうとする技能などを軸とする活動）があって初めて大人の支えは有効となります。このため、幼児期も基本的に同じであると考えられますが乳児期は特に保育が成立するためには「相補的」関係が構築される必要があるのです。

ただし、「相補的関係」といってもどちらが主体かという議論はあります。が、子どもの活動（食する）がうまくいくことが大前提であると理解すると「子どもの状況に応じた保育」が望まれます。「子どもの主体性が大事である」との視点が保育者の関わりを弱めたりするのではなく、必要な補助を行うことによって子どもの主体性が確保されるという理解を必要とします。

より実践に即して言うならば、保育者が「どのように・どの程度補助するか」は子ども理解の程度と方法によります。「スプーンで食べさせたらどんどん食べていたのに、おはしでは食べない」という体験から適切な関わりを求めて試行錯誤が始まるのです。

（２）相補的生活活動の展開

ここで示している活動の内容は、生活活動と遊び活動に分けておいてもよいでしょう。０歳児の場合には、その区別の必要はないかもしれません。大事なことは、子どもが生活の中で示す子どもの活動に対して何かを指示したり、特定の環境を与えたりすることではなく、子どもと一つの活動を遂行することです。この遂行に当たって、保育者は子どもの遂行できない部分を補ったり補強したりします。しかしながら、その前提は、子どもが自分でする活動があってであり、自分でする活動を抜きにしては相補的な関係は成立しません。このような生活活動は、子どもの成長と共に変化し、

表 6-3 生活活動のタイプ

関係のタイプ	1歳6ヶ月 歩く	1歳6ヶ月 自動車に見立てる
依存的相補的 生活活動	手をつないで歩く	保育者が手を添えて四角の木を動かす
相補的生活活動	歩くをサポートする	子どもが動かしているのに「ブーブー」といい、行動をアナウンスする
共同的生活活動	先に歩くが手をつなぐ	先生も「ブーブーだぞ」、「早いぞ」などと言いながら共同する
自主的生活活動	手をつながない	子どもが自分で車を動かす

子どもの生活活動の内容・体験によっても変化します。さらには、保育者の関わり方によっても変化するのです。

　試論ではありますが、表6-3のように4つの段階（関係のタイプ）を念頭におくことも可能ではないでしょうか。

　この4つの関係のタイプは、活動によって異なる関わりを必要としています。例えば、「見立て遊び」は、保育者が見立ての側面を補強する必要がある場合が多いといえます。イメージで考えることは多様な成長を必要としますが、上記のような「自動車の見立て」の成功体験こそが、そうしたイメージを使った思考の元となることも多いのです。ともあれ、こうして子どもの成長は活動ごとに関係性が異なり、そうした総和が子どもを育てていくでしょう。同時に、子どもの関係性を方向付けるものであるとも言えるのです。

⑤　乳児の活動内容の構成
（1）3つの基礎活動を考える

　表6-3で示したモデルはそのまま保育の計画ではありません。また、下記の3つの側面は具体的な保育実践の手がかりを示すものです。玉置の「生活活動理論」を手がかりに乳児保育を考えるとき、次の基礎活動を念頭におくことも可能でなのではないでしょうか。基礎活動には、次の3つの視点があります。

---

1) 基礎活動 1.　（生命・安全活動 / 欲求充足の喜び）
2) 基礎活動 2.　（身体コントロール活動 / 自分で身体を動かすことの楽しさ）

---

3) 基礎活動 3.　（関係・交流）

（2）生活基礎活動　　基礎活動 1

　玉置の「生活活動理論」には、まず「基礎活動 1」が提示されています。その内容は、

1　生命・安全活動（いのちをつなぐ活動）
2　欲求充足の喜び

の2つです。この「生活の基礎活動」こそが、前述したように、乳児期は子どものある側面をそれぞれ別個に見るのではなく、その子どもの全体像をみるときの中心となる活動といえます。すなわち、ヒトとして生まれた乳児が、人間として「自己」、「自分は人間である」ということを認識していく「自己の発達の枠組み」であることが大切なのです。「自己形成の構造」には、「身体的自己」「活動的自己」という運動的側面が乳児には重要です。このことから自己への気づきがはじまると考えられます。

　乳児にとって「活動」は単なる「〜を楽しむ」ではすまされないことであり、活動があってこそ「心」も育つのです。それゆえ、乳児と大人の関係性が軸であり、乳児の場合は情動交流なくして活動の育ちはないとも言えます。発達の全てを生活の基礎活動から「同時に」みることが大切です。この場合の発達の側面とは、「身体的健康と成長、知覚の発達、微細・粗大運動の発達、社会性の発達、情緒の発達、人との関係性の発達」等が相互に影響を与えるので統合的全体としてみること、全体としての子どものとらえかたが必要でしょう。

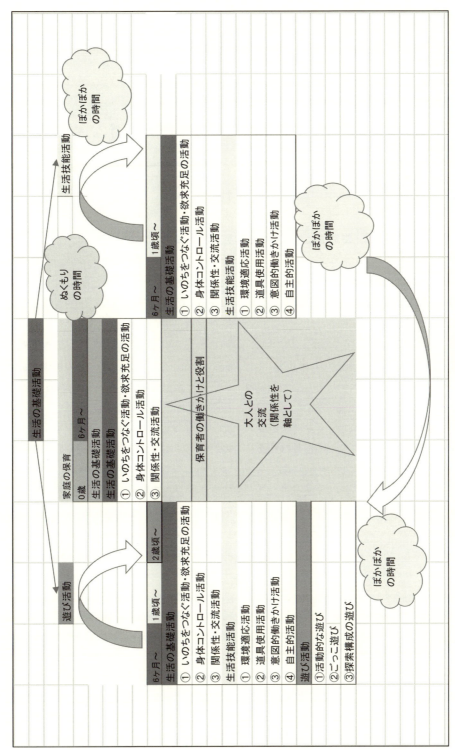

図 6-1 乳児保育における実践活動（大方試案）

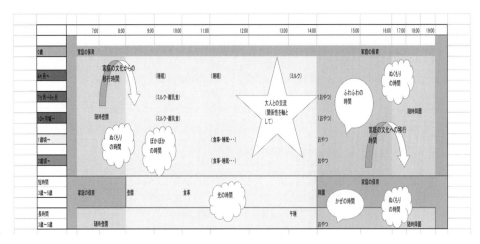

図6-2　生活活動の視点からの乳児保育日案（大方試案）

⑥　生活の基礎活動を考える—乳児保育の切り口として

（1）0歳児保育の切り口

　全体として存在する乳児ですが、まず「生活の基礎活動」がぬけないように、最重要「活動」（キー・アクティビティ）として大人が働きかける役割があります。乳児は、①いのちをつなぐ活動　②身体コントロール活動　③関係・交流活動　という3つの活動は別々ではなく、ひとつの縄のように一緒に関係しあい、影響し合いながら育っていきます。この「生活の基礎活動」の育ちから、「生活技能（適応）活動」さらには「遊び活動」へと活動が分化していくのです。

　3歳未満の乳児保育はもちろんのこと、3歳以上の幼児においても「生活の基礎活動」がぬけないように発達過程を押さえることが大切です（図6-1参照）。特に、家庭養育における子育ての支援は、「生活の基礎活動」とは乳児にとってどのような意味があるのかを言語化してこなかったことに課題があるのではないでしょうか。図6-1は、乳児保育・1歳以上3歳未満児の保育を考える

上で、保育者の働きかけと役割を、「大人との交流（関係性を軸として）」を軸として示した実践活動の図です。以上の生活基礎活動を乳児の日案にいれたものが後述する図6-2です。ここでは、大人との情動交流を軸とした活動時間を「ぽかぽかの時間」（玉置案、幼児は「光の時間」）としました。また、家庭養育からの移行時間を「ぬくもりの時間」としています。午睡やおやつが終わってからの時間は、やや消極的な時間として「ふわふわの時間」（玉置案、幼児は「風の時間」）としています。

　前述したように、関係のタイプ（依存的相補的生活活動・相補的生活活動・共同的生活活動・自主的生活活動）は「相補的生活活動」として位置づけてきました。ここでいう「ふわふわの時間」はまさにこういった時間を意識して日案の活動に生かしたらどうかと考えられています。

　以下にまとめた内容は、基礎活動1〜3を活動から位置づけなおしています。すなわち、乳児保育における活動論の分類として提案しています。今回の指針改定に記載

された年齢区分（乳児保育、1歳以上3歳未満）を生かすと、以下のようなことが考えられ、各々活動から考えた目標として表すことができるのではないでしょうか。

> 1) 基礎活動1.（生命・安全活動 ／ 欲求充足の喜び）
> →依存的相補的生活活動
> 2) 基礎活動2.（身体コントロール活動 ／ 自分で身体を動かすことの楽しさ）
> →相補的生活活動、共同的生活活動（物との出会いはまさにこういう状況である。）
> 3) 基礎活動3.（関係・交流）
> →相補的生活活動、自主的生活活動（大人をリードする活動、見立て遊び、2歳になるとつもりあそび）

0歳の生活活動は、遊びを含むがあくまでも生活活動が主です。それは、「1) 基礎活動1.（生命・安全活動 ／ 欲求充足の喜び）」が目標であり、それは依存的相補的生活活動といえるでしょう。大人援助をやりすぎても補いすぎてもいけない時期なのです。とはいえ、放任でもいけません。どちらでもないところに保育者の役割があり、相補的生活活動を目指すことが大切といえます。この時期は特に、「しつけ」という考えから保育者を狭い世界観に追い込んでしまう危険性がある時期でもあります。安全性や基本的生活習慣の確立は必要ですが、一面性があり、全ては人との関係性、すなわち心地よい保育者との関係性をなしにして相補的生活活動は生まれないのです。

（2）1歳児・2歳児保育の切り口

1歳の生活活動は、「2) 基礎活動2.（身体コントロール活動 ／ 自分で身体を動かすことの楽しさ）」が目標であり、相補的生活活動、共同的生活活動といえるでしょう。物との出会いはまさにこういう状況です。

2歳になってくると遊びが分化してきます。そのため相補的遊び活動への転換が図られてきます。自主的な活動である見立て遊びやまねっこあそびが増えてくるのです。すなわち、相補的生活活動とは、保育者が「言語としての補い」と共に「行動としての補い」も行うことです。このところは、3歳以上の幼稚園の活動における保育者の役割と大きく異なる点でしょう。

例えば、「生活の基礎活動」である①いのちをつなぐ活動は、指針においても「基本的生活習慣」として位置づけられてきた経緯があります。すなわち、「しつけ」という概念でくくられてしまった結果、大人主導となり、乳児の能動性への視点が失われてしまったともいえるのです。また、②身体コントロール活動は、乳児の「随意運動」であり自らの身体をコントロールする重要な視点であるが意識されてきませんでした。③関係・交流活動は、「大人との交流を通じた言語の模倣」にも通じます。さらには、「言語」発達から「自己」への気づきとなり、また「思考の基礎」へのツールの始まりにもつながります。特に、②身体コントロール活動や③関係・交流活動は、「養護」という言葉で言い表せるのでしょうか。乳児保育における重要な側面がぬけていると考えられます。

⑦ G君の事例を考える
（1）依存的相補的生活活動

8ヶ月G君のおむつ替え（生活の基礎活

表 6-4 相補的生活活動　事例

O先生：①	「G君、おむつかえようね。」・・・子どもと1対1で「見つめること」 　　　　　　　　　　　　　　　　子どもと1対1で「声をかけて話すこと」 　　　　　　　　　　　　　　　　子どもと1対1で「手で触れること」
↓	
相補的生活活動「言語としての補い」⇒行うケアの予告（オートフィードバック）	
O先生：②	「G君、お洋服を脱ぎますよ。おむつをはずします。」 服を脱がせておむつをはずす。・・・足をばたばたしたり、いやいやしたりする。
O先生：③	「G君、きれいきれいしましょうね。はい、すっきり、きれいになりました。」 汚れを拭く。 ・・・ 　　　　　お尻をもちあげ、おむつを折り返して清潔な面がお尻にあたるようにする 　　　　　排泄、排尿の状態確認、量の確認、臭いなどの確認を行う。身体をそっと 　　　　　やさしく撫でるように拭き、清潔にする。清潔になったのかを確認する。
O先生：④	「G君、あーいいきもち。すっきりしたね。」「いないいない♪ばあ♪」 　　　　　お尻が乾くまでのふれあい。名前をよんだり、あやし遊びや簡単なマッサージをしたり、 　　　　　歌を歌って聞かせたり・・・心地よい時間を共有する。
O先生：⑤	「G君、おむつをつけますよ。いい気持ちだね。はい、できました。」 　　　　　お尻が乾いたら、清潔なおむつをつける。腹筋にきつくないかを確認する。
↓	
相補的生活活動「行動としての補い」⇒行っているケアの実況中継（オートフィードバック）	
O先生：⑥　服を着せたら抱っこして、他の保育者に託す。	
O先生：⑦　おむつ台や備品の清潔確認、備品確認、自らの手洗いと清潔確認をする。	
O先生：⑧　記録をつける。→　報告・連絡・相談	

動：排泄とその技能）について事例を挙げて考えてみましょう。

　以上のことは、乳児保育における日常のことです。ここでは、「生活の基礎活動」として提案しています。「養護と教育」と言うには無理があるのではないでしょうか。さらに、この内容は、「生活の基礎活動」における、1．いのちをつなぐ活動　2．身体コントロール活動　3．関係・交流活動　の3つの活動が乳児の活動全体として含まれていることに気づかされます。この活動の軸は大人との関係性であり、大人との情動交流です。さらに、乳児自身が、この心地よい大人との情動交流から「人間である自分」に気付き、「心地よい人間を求めるようになる」こと、「名前をよぶ」ことから、自己に気づいていきます。

（2）生活基礎活動　基礎活動2　→相補的生活活動—寝る→座る→立つへの身体コントロール活動

　玉置の「生活活動理論」には、次に「基礎活動2」が提示されています。その内容は、「1身体コントロール活動」「2　自分で身体を動かすことの楽しさ」という2つが示されています。乳幼児は、周囲の世界をどのように理解して認識しているのでしょうか。ピアジェは、乳幼児の認識や思考は、周りの環境（ものや人）に対して身体的に働きかけ操作すること（相互作用）によって、その世界について認識していくという過程を見出しています。また、外界という環境に対する関わり方が、発達に伴って構造的に変化することを指摘しています。3歳未満の乳児期は、感覚運動期になりま

す。このことは、「理解する・考える」と言うとき、大人は頭を使うと考えますが、乳児期は身体性を通じて周りの環境や事物を理解していくとしています。一見、乳幼児が一人で環境に働きかけていくように思われがちですが、実際は大人との相互作用や周囲の環境（社会・文化）の影響を受けながら知識を形成するといわれています。

「1　身体コントロール活動」は、例えば、「寝たきり乳児」であったならばどうでしょうか。大人への依存がなければ、「のどがかわいた」としても自らの飲むことも起きることもできません。大人が見てくれない限り、自らは周囲に働きかけにくいといえます。「泣く」ことから発信するしかないともいえるのです。相補的生活活動として「行動としての補い」が乳児保育には必要であることがわかります。

しかしながら、乳児は単に受身ではありません。自ら主体的に足を使って身体をひねることから寝返りは可能となります。寝返りによって、腕や背筋で自らの身体を支えられるようになります。しかしながら、その前に、大人が抱く活動をしていなければ乳児の背筋力という身体性は育たないことになり、自らの身体を支えるという育ちが保障されなくなってしまいます。抱くことを「抱き癖」という大人がいますが、抱かれなければ自ら起きることはできないのが乳児です。また、抱くことから背筋のみならず、首を回すことや、外の環境に目を向けること、視野を広げて外界の情報を得ることが可能となります。このようなことから、相補的生活活動が乳児保育の要といえるのではないでしょうか。

「2　自分で身体を動かすことの楽しさ」は、自分自身に対する自信や達成感につながっていきます。座ること、さらには立つことは、乳児の身体性を著しく変化するのみならず、一気に周囲の環境への働きかけが変わり、能動的になります。まさに世界観が変貌する瞬間といえるでしょう。発達段階という「座る」「立つ」ではなく、そのことから、全体が育つことへの意識が大人には必要です。しかしながら、大人からの相補的生活活動「言語としての補い」があり、「じょうず、じょうず」、「こっちにおいで」、といってくれる大人との関係性によって子どもは目標ができ、やる気になっていくと考えられます。転びかけたら相補的生活活動として「行動としての補い」があってこそ、成功体験となって次への活動への意欲となるのです。寝ているときには身体を動かすことから、寝返りやはいはいなど移動の喜びがああります。座ることは手が自由になり、周りのものを取り込む育ちが芽生えます。自分から物をつかむ、引き寄せる、大人の顔を触る、髪の毛を引っ張る。おいでと言われたら手を出して乗り出す、どれも自分で体を動かす楽しさといえるのです。

⑧　乳児の関わり行動の特質－引き付ける力－

以上の活動の内容は乳児保育の一面でしかありません。先のモデルにおいては乳児保育において関係性(関わり)の面から検討する必要があるということです。

よく考えてみると、乳児期はほとんどの生活行動は大人との依存関係が中心であるといわれてきました。確かに、食・睡眠・移動・排泄など多くの場合に大人に依存し

ているといわれます。このために、養護の活動が重要であるという指針の考え方が生まれてくるのです。しかし、それは果たして乳児の依存の状態を明らかにしたといえるのでしょうか。

　少なくとも、未熟な状態で生まれた乳児ですが、実は周囲の大人を動かす能動的な力があり、さらには、乳児期の微笑みには大人をひきつける力があるとの視点も重要です。そして、大人は思わず乳児の微笑をみて微笑み、その微笑を見て乳児が笑いかけるという相互作用が生まれます。何度も述べていますが、そういったことを相補的生活活動とここでは提案しているのです。

（1）能動的な力を持つ子ども

　では、乳児保育において「活動」をどのように理解すればいいでしょうか。乳児は、周りの環境に対して自ら働きかけをします。外的環境に対して自ら関わっていく能動的な力を持っているのです。例えば、乳児の「泣く」という行為があります。空腹で泣いているのか、暑くて泣いているのか、うるさくて泣いているのか、抱いてほしくて泣いているのかなどなど。少なくとも、自ら周りの環境に対して能動的に働きかけています。そこに大人がいるのかどうかはわかりませんが、外的環境に自ら関わっていくのです。

　2015年より「子ども子育て支援新制度」が始まり、「幼保連携型認定こども園教育・保育要領」が施行されました。保育学、特に乳児保育の需要は高まり、子育ての支援が一層必要になっています。日本はあらゆる視点から乳児保育のあり方が改めて問われる時代になりました。幼保一体化、家庭と保育所の関係、教育と保育の関係といった日本の保育をめぐる全ての議論が乳児保育のあり方と連動していることは明らかといえます。幼保一体化の中で乳児の保育はどうあるべきか、待機児対策としての乳児保育の量的拡大だけではなく保育所保育の「質の転換」はどうあるべきか、直接の問題として乳児保育のあり方が問われてきています。実践の中心である保育カリキュラム作成は、保育現場の創意工夫にゆだねられ、実践研究に依拠してきたことから、保育学における乳児保育の方法論は保育者の経験と勘によるところが大きくなっています。保育学の理論、特に乳児保育における理論は立ち遅れているともいえるのではないでしょうか。

　改定された指針は、多様な編成論を容認する立場であり、よって保育現場での考え方は多様です。指針が提示している「子どもの最善の利益が図られること」は当然ですが、具体的にはどうあるべきなのか、その理論と実践の角度から検討することは未整理であり、さまざまな課題が考えられます。また、子どもの立場に立った理論と実践の構築は急務であり、相互交流を意図すべきであるが、問題意識は不明瞭なままであることは喫緊の課題なのでしょう。

（2）乳児と大人との関係性

　ここでは「乳児保育」とはどのような営みであるのかという点を整理してみましょう。

　例えば、乳児の「微笑み」などの、「笑う」行為はどのように考えられるでしょうか。「笑う」には、乳児の身体性として、顔の「表情筋」を動かすことが大切です。乳児のすごさは「笑う」ことによって、自然と

表 6-5 乳児保育の日案の提案

	積極的教育 （ぽかぽかの時間）	消極的教育 （ふわふわの時間→風の時間）
生活中心 （ぽかぽかの保育）	A　生活の基礎活動（相補的生活活動） A　生活技能活動（共同的生活活動）	C　依存的相補的生活活動
生活活動中心 （光の保育）	B　関係活動（相補的生活活動） B　交流活動（自主的生活活動）	D　大人をリードする（まねっこ遊び→つもり遊び）

「表情筋」が育つことです。育てようと思って育つのではなく、むしろ「笑う」行為が乳児の「微笑み」から大人に引き出される能動性のすごさ、人間が人間らしくなっていくすごさへの尊敬と畏敬の念が大切です。「表情筋」が育つことによって、次の言語発達の元となる「あー」という口の開閉、離乳食への口の開閉など次の活動につながっていくすごさがあります。さらに、この乳児と大人との「笑う」という相互作用、関係性から情動交流が生まれます。また、乳児は大人の目や表情から判断し、自ら働きかけようとします。相手によって次の活動、すなわちどのような関わりをするかが変化するのです。大人への働きかけは時に共通していますが、一人一人異なっています。一様に同じではない働きかけをするのです。これは「養護と教育」に分けられるようなものではないといえるでしょう。

玉置の「生活活動理論」では「基礎活動3」として「1　関係活動」「2　交流活動」という2つが示されています。大人との情動交流により、まねが始まります。「ダーダー・ば・ば・」など喃語が始まります。特定の心地よい人に対する愛着関係が顕著になり、身振りや発声で積極的にかかわろう

とする行為なのでしょう。

そしてその為には、特に乳児保育においてこそ日案をしっかり理解する必要があると考えます。そこで、日案の原型として次のような内容を原型として、まずは押さえておくことと、そして保育に織り込むことを考えてはどうかと提案します。その上で、図 6-2「生活活動の視点からの乳児保育日案（大方案）」と照らし合わせて考えてみてはどうでしょうか。

⑨　おわりに

（1）応答的保育と相補的生活活動の関係について

相補的生活活動の捉え方を考える際、応答的保育と同じではないかという疑問も生じます。応答的保育は、子どもの願いに応じた保育という理解もあり、多様なコミュニケーションを指している場合もあります。また、両方とも大人の果たす役割を積極的に認めているのです。いずれの場合も、相補的なかかわりと重なっていると理解することが可能でしょう。しかし、いずれの場合も、相補的生活活動は応答的保育とは次の点で異なります。

相補的生活活動はあくまでも子どもの活

動内容を提示しようとしています。つまり、相補的生活活動は子どもの活動の質、タイプを念頭において乳児の生活活動の構造を説明しようとしており、乳児期は大人の関与によって子どもの活動が完結することを示しています。これに対して、応答的保育は保育のあり方を提案しており、狭く考えれば保育者のコミュニケーションのありかたを提案していると言えるでしょう。

相補的生活活動の考え方は、活動の構造としての身体移動に見られるように保育者・大人が補助される関わり・関係を乳児保育の特質として取り出そうとしています。一方、応答的保育は、保育のありかたをコミュニケーションという視点からとらえているという違いがあるのです。よって、どんな保育者も相補的な関係を実現する枠組みにいることを示していると共に、この関係のほかでは乳児保育はありえないことを示しています。

第1の点から言えば、子どもの活動における相補的関係といってもよいのですが、生活活動の概念を使っているのは、子どもの活動の質・タイプを特定する視点から保育内容・保育の計画を構築する志向をもちたいと考えているからで、後者は保育の理想・理念を一般的に規定しているといえます。周知の通り、M/Hunt は応答的な活動が子どもの知的発達にとって必要なものであると指摘していますが、それは乳児だけではなく幼児、さらには大人にも通じる一般的規定です。

相補的生活活動は、乳児特有の活動の質を意識していますので、発達的・質的活動のタイプを想定することが可能でしょう。例えば、生後6～9ヶ月の子どもは相補的ではあるが、姿勢の制御に見られるように、大人に依存している相補的関係です。これに対して、移動の自由（自分の意思で見たいところに行く、触りたいところに行く、等）が確立し、身振り表現などの記号が現れてきた頃には、相補的生活活動でありながら、共同的生活活動ともいえるでしょう。すなわち、子どもの活動の質を想定することにより、相補的関係は発達過程にあわせてタイプを想定できるといえるのです。

以上のことをふまえ、ここで一般的な乳児保育の日案をみてみましょう。例に示す

表 6-6　乳児保育の日案の分類例

		相補的関係	大人の活動	子どもの活動
事例1	時系列	なし	援助・配慮	予想される子どもの活動
事例2	活動時間中心	なし	援助・配慮	予想される子どもの活動
事例3	環境重視	なし	環境構成 援助・配慮	生活・遊び
事例4	基本的生活習慣中心	なし	援助・配慮	食事・睡眠・排泄等

（表 6-6 参照）だけでも、一様に、相補的関係は見受けられません。大人の活動と子どもの活動は別々になっています。従来からいわれている児童中心主義か系統主義かという議論になるのです。子どもの主体的な活動を後方から支援する「援助・配慮」が多く見受けられます。このことが乳児保育においても保育者の役割としてむしろ一般化されています。指導は「配慮・援助」とは異なる性質であるにもかかわらず、このようになっています。保育者がひっぱったり、リードしたりすることがよいというわけではありませんが、乳児保育においては保育者の言葉かけや行動的な相補的関係が大切でしょう。

（2）保育者の役割を考える

以上のことは保育者の役割を考える視点を提起しており、特に、従来から言われてきた子どもの主体的活動と保育者の活動は、どちらかではなく、乳児保育においては特に相補的生活活動として両者の融合が必要であることを提案したいと考えます。乳児保育はこの2つの活動が融合するところから始まっているといえるのではないでしょうか。2つの活動は互いに補い合いながら、かかわり過ぎないように、放置し過ぎないようにすることが大切なのです。玉置は「融合保育」と名づけていますが、0歳は依存が大きい相補的生活活動であるが、だからといって一方的な大人の役割だけではなく、むしろ子どもの気持ちが大切ともいえるのです。例えば、大人の思い通りに食事を口に運ぶ、食べさせようとするような活動場面は乳児保育においてしばしば目にする光景ですが、「口をあけたくなる」大人との関係性をぬきにしては考えられないはずです。むしろ、その食事時間までの大人との関係性による思考過程によって判断しているともいえるでしょう。したがって、「食べた」「口をあけない」というような外的活動ではなく、むしろ内的活動こそが大切です。本稿は試論ではありますが、今後、事例を集積しながら乳児保育の実践に役立つ提案をしていきたいと考えます。

（3）「ユマニチュード（Humanitude）」の技法から学ぶ

課題としては、いろいろな理論と実践から学ぶ必要性を指摘しておきたいと思います。たとえば、「ユマニチュード（Humanitude）」の技法[14]を取り入れることが、乳児保育においても大切であることが挙げられます。「ユマニチュード（Humanitude）」の技法は、乳児保育における指導法のモデルとしたとき、乳児保育の要が保育者にまた保護者に理解しやすいと考えられる提案です。

認知症ケアの新しい技法として注目を集めている「ユマニチュード（Humanitude）」は、知覚・感覚・言語を包括したコミュニケーション法を軸にしたケアの技法です。「ユマニチュード（Humanitude）」は、「人間の尊厳を大切にすること、一人ひとりの自由を尊重すること、人間としての博愛精神をもつこと、人間の平等性を大切にする」ことです。日本の子育ての支援は、就労支援に特化しており、また高齢者支援が福祉の重点課題であるアンバランスといえます。

---

[14] ユマニチュード（Humanitude）については「ジネスト・マレスコッティ研究所日本支部」のHP（http://igmj.org/humanitude）に詳しく記載されている。

産前産後からの親子への子育て支援は、富山県の「マイ保育園制度」など日本においても一部実施されていますが、スウェーデンやフィンランドと大きく異なります。スウェーデンでは、「子どもの成長と学びを支援することによって子どもの人生の良いスタートを切ることができるようにすること」「両親が仕事や勉強と子育てを両立でき、平等で幸せな家庭生活を営めるように支援する、家族支援」であること、フィンランドも少子化対策ではなく「子育てをする全ての親は平等に扱われる権利がある」という家族支援という点では、異なりが見出せるでしょう。

（4）終わりに

緊急の課題として保育の方向性が問われる時代に入り、いろいろな課題が残されていますが、その理論と実践が問われる時代に入ったといえます。その切り口は理論的には保育実践から学び理論構築をするのかであろうと言われています。

見えないものを見る力が重要なのです。特に、乳児の仕事は見えないものと思われてきたものを見えるようにすることであるとの思いが私たちにはあります。しかし、具体的な保育実践から学ぶことなしに見えないものから学ぶことはできません。実際に、保育において多くの実践者がさまざまな試行錯誤を繰り返していますが、その実践は具体的にいろいろな問題提起を発しています。この意味では、見えるものとして保育実践がありそれをどう整理するのかこそが理論的な責任であると考えます。本稿の作成には、総合保育研究所の研究員の皆さんとの共同討議を経ている部分があります。感謝して本稿を閉じたいと思います。

（文責　大方美香・玉置哲淳）

第Ⅲ部

幼児教育・保育の再構築の視点と事例

7章　こども園の保育内容の方向性について

1、この章の概要

　本章では、私自身がシンポジウム（2015年11月14日）において、ゆうゆうのもり幼保園での経験を元に話した内容をまとめたものとなります。体裁としては、シンポジウムにおける発言であることもあり、口語表現などをあえて混在させていますが、この当時のこども園現場からの思いが伝われば、と思います。

2、シンポジウムでの発言内容

①　昨今の保育を取り巻く現状

　子ども・子育て支援新制度は、国として社会保障の中に子育て支援を位置づけたという大きな改革なのですが、それだけではなく、幼稚園の保育園の区別なく、日本のすべての子どもに対して、幼児期の教育をきちんと位置付けるという改革でもあります。ただ、そこに子育て支援だけでなく、女性の就労問題なども入ってきて、新しい制度は、待機児童などの問題を解決する労働施策と思える部分がある現状があります。その一方で、世界的にみると、乳幼児期の重要性が見直されてきています。日本の乳幼児期もどう育てるかを考えていかなければならないというのが、世界的にも大きな流れになってきています。

　特に最近取り上げられるのは、「非認知」という言葉です。「認知」というのは、文字とか数とかがわかるかどうかというようなことを意味するのですが、乳幼児期にもっと育てなければならないのは、非認知といわれる力だといわれています。非認知とは、真面目さだったり、粘り強さだったり、自制心とか忍耐力、気概、首尾一貫性とかというような力です。さらに言えば、人と一緒にコミュニケーションをとっていく力とか、問題解決していく力といった、小学校以上の教育でも、これからさらに大事にされていく力を、乳幼児期にどのように育てるか、そのときの育ちによって、大人になったときに、様々な面で大きな違いが起こっているという研究に注目が集まっています。乳幼児期の教育・保育のありようによって、生涯の収入や犯罪率、社会的な事業への参加率など、様々な面で大きな違いがあるとすれば、やはり乳幼児期は大事にしなければならないという動きが、日本だけでなく世界的に起こってきています。

　特に、ジェームズ・ヘックマンというノーベル経済学賞を受賞した学者が、乳幼児への投資が最も効果的だという本を出しています。就学後の教育の効率性を高めるのは、就学前の子育て・保育の質だというのです。今は貧困の問題もあり、この調査もアメリカの貧困の子どもたちを対象にしているのですが、その子どもたちが自分を受け入れてくれる幼児教育を受けると、投資に対しての利益還元率が15%から17%になるというのです。40歳の時の経済状態とか幸福感を分けるとも述べられています。幼児期には「認知」以上に、つまり文字とか

数とか以上に、「非認知」能力を促すことが、生涯発達に影響するのです。

お茶の水大学の浜野先生が書かれた本の中に出てくる資料では、海外のいくつかの国が集まった研究結果として、5歳児でプログラム型という、小学校の授業のような保育を行った場合と、オープンフレームという子ども中心で遊び中心の保育を行った場合とを分けて、その後の子どもの成長の様子を追跡調査し、結果を比較しています。プログラム型の結果は、最初は良いのですが、だんだん8歳ぐらいになってくると遊びを大事にする保育の行った子どもと数値が逆転し、15歳時の知的能力は逆転しています。また、非行の問題も、子どもの主体的な力を大事にしている方が、非行に走る率が少ないとか、犯罪率も少ない、とデータが出ています。社会的行動では、「家族は自分のことをあまり思ってくれない」とか、「スポーツに参加しない」というような否定的な行動も、子どもの主体性を尊重しない保育の方が高い傾向になるというような研究結果が出ています。

これほど乳幼児期の重要性に注目が集まっているのですが、日本が子どもにお金をかけていないことも徐々に明らかになってきています。OECDの調査では、先進国といわれる国の中では子どもにかける予算は最下位に近い額になっています。特に就学前教育における教員の給与をみてみると、21ヶ国中21位です。

このように考えると、新しい制度ができて、幼児教育や子育てへの予算が増えたことはよいことではあるのですが、まだまだ十分ではありません。また市町村によってもいろいろと対応が異なっている現状もあるのです。

② 保育という営みについて

一方、保育という営みが理解されていない現実もあります。一般的には、子どもの面倒を見ればいい、世話をすればいい、預かればいい、ということが一般的です。横浜の待機児童対策を取り上げれば、横浜市の保育園の四分の一が株式会社になっています。株式会社がすべて悪いという訳ではないのですが、営利主義で保育園を運営して、本当に保育の質が保たれるのかというような、質の議論をしなければいけません。

また、小学校で英語の授業が行われるようになったことから、いま横浜ではどこの幼稚園でもまた保育園でも英語をやるのが一般的になってきました。小学校の先取りをすることが教育なのかというと、幼児教育はそうではないと思います。遊びの重要性が理解されていないままに、保育の質が議論されてもいいのか疑問を感じざるを得ません。

もちろん、職員の数が多いとか、保育室が広い、園庭が広いということも、保育の質としては大事な条件です。そのこともちろん大事ではあるのですが、保育者の関わり方とか、園や保育室の環境が子どもに合うように配慮されているかどうかなど、子どもたちが育っていくために必要な保育の質を考えていかないと、本当の質の向上はできないのではないでしょうか。

③ 子どもが育っていない実態

子どもに、「汚れるからダメ」、「危ないからダメ」、って言って子どもは育つのでしょうか。子どもたちが育つためには、実践を

支えてくれる専門家集団がいて、やっぱり「乳幼児期ってこういうこと大事だよ」っていうことを言ってもらうことが必要だろうと思います。今から50年以上前の話ですが、ヘルドとハインが、子猫を使って実験を行いました。乗り物、つまりライドに乗せられた子猫、すなわち受動的な視覚経験しかない子猫は、ライドから降りて歩くと障害物が避けられずぶつかったり転んだりしました。これに対して能動的に歩いて育った子猫は様々な障害物をうまく避けることができたと言います。この実験から、すぐにバギーがいけないということではなく、子どもが常に受け身的にバギーに乗せられてばかりいたら、子どもが育つ機会を失うことも起こりうるということが50年前から明らかになっているということをもっと考えなければならないと思うのです。

「やる気」についての調査もあります。藤沢市の調査です。中三の生徒で、「もっと勉強したい」という生徒の数がどんどん減っていって、「もう勉強はしたくない」という生徒の割合が上がっていくという結果がでています。このような研究を通して見えてくることは、乳幼児期の子どもの育ちが問われているということです。乳幼児期にどのような力を育てておく必要があるのか、非認知という力はどのように育つのか、そのことを真剣に考えなければならない時代になってきているのです。人として必要な多様な経験をしていない子どもが増えている現実に、乳幼児期の保育・教育はどう立ち向かっていくか、保育・教育の中身が問われているのです。

④　さまざまな課題の向こう側に

制度的には、戦後70年、幼稚園と保育園は別々にやってきましたので、認定こども園として一つの施設になることには、いろいろな課題があります。一つの混乱は、保育・教育という言葉の定義をめぐっての混乱です。法律上、教育基本法で定められている学校教育と、児童福祉法で定められている保育という言葉が、実際にはさまざまに使われていて混乱を起こしています。

養護という言葉も、「ケア」という言葉に置き換えた時に、単に「預かる」とか「世話をする」とか「面倒を見る」という上から目線ではなく、またマニュアル的な対応を行う保育でもなく、もっと子どもと保育者が対等に、お互いを愛おしいと感じるような信頼関係が築かれているような営みが必要です。以前、横浜の子育てフォーラムで、フォーラムの出席者から、「子育ては大変だ」、「子どもを預ける場所が必要だ」というような発言が次から次へと続いたことがありました。そのような話が続くと、子どもの存在そのものが大変という話になってしまいます。では、だれが子どもは愛おしい存在であるとか、子どもの存在そのものに魅力があると言うのでしょうか。お互いの名前を呼びあうような関係、お互いを気づかい「あなたのこと大事にしてるよ」というような保育ができなければ、人に対して愛着を感じない子どもが育っていくのではないでしょうか。

こども園要領の作成にかかわったときに、いろいろな議論がありました。特に保育所保育指針に書かれている「保育＝養護＋教育」に対して、養護というのはもっと大事ではないかという議論になりました。幼稚

園教育要領の総則では、環境を通して行う教育が基本で、そこに、ふさわしい生活、遊びを通しての総合的指導、そして一人一人に応じた指導という3つの基本が示されています。そこで、こども園要領では、この3つの基本の前に、安心感とか信頼感を持つという一項目が教育・保育の基本として位置づけられました。総則の基本、それも一番目に、養護的なかかわりの重要性を入れ込んだのが、こども園要領なのです。

今、2018年の学習指導要領改訂に向けて、小学校、中学校、高校、大学までの教育が見直されています。特に幼小の接続では、小学校の教育の内容を前倒しして幼児期に行えばいいという発想ではなくて、幼児教育の主体的に学ぶという力を小学校や中学校にまで広げていこうとする方向で議論が進んでいます。小学校に対して、「幼児教育はこのような力を子どもたちに育てています」と言えるか言えないか、その成果が問われていると感じています。中央教育審議会の中で諮問されているのは、知識をただ教えるだけでなく、実際に、実社会で、実生活で、それらを活用しながら、自ら課題を発見しその解決にむけて、主体的、協働的に探究していけるような子どもをどう育てかということです。そのためには、「何を教えるか」という知識の質や量の改善だけでなく、「どのように学ぶか」という教育の方法が大事になります。大学入試も大きく変わって、センター試験が何回か受けていいような持ち点制の試験になるといいます。また今大学で行われているAO入試のように、入試でも面接が重視され、大学で何を学ぼうとするのかという学生の学ぶ意欲がさらに問われていきます。今回の学習指導要領の改訂で育てようとする力は、乳幼児期の教育・保育の中の「遊び」で、子どもたちはすでに学んでいると思っています。砂場でとか、山を作るとかダムを作るとか、いろんなことを試したり、友達と一緒に考えたりしながらも、それがだんだんと上手にイメージを広げ、力を合わせて取り組んでいくなど、体を動かして頭も使って学ぶようなことがこれからの教育にさらに求められていくのではないかと思います。

3、ゆうゆうのもり幼保園について

① こども園にかける思い

ゆうゆうのもり幼保園（詳しくはホームページ[15]を参照）は、2005年に開園しました。ゆうゆうのもりは悠々自適の「悠」に「遊ぶ」と書いて、「悠遊」です。子どもが主体的に生活する施設として、大人が管理しやすい施設ではなく、子どもが子どもらしく生活する園舎、園庭を考えました。

園庭も園舎も子どもがぐるっと回れたり、建物の中に大きなネットがあったりします。子どもが夢中になって遊ぶのが大事だということを、このように園舎とか園庭を通してメッセージで伝えるほうが、入園を希望する保護者も、ある程度保育方針を理解してもらえるので運営がスムーズになっています。

こども園になる難しさは、保育園と幼稚園が一緒になることにあります。保育園なら長時間の子どもだけですし、幼稚園だと一応9時から2時までが正規の教育時間で終わり、その後預かり保育はあるけども、一応午後2時頃で一定の区切りができます。

---

[15] http://youyounomori.ed.jp/

ところが、こども園の場合、冬休みとか夏休みとかも含めて保育時間がすごく長い子どもたちもいれば、午後2時で帰ってしまう子たちもいて、そのような多様性がある中で、どういう保育をするか、その園の状況に応じて保育を組み立てる力量が問われてくるのです。園での時間が違うことで、育ちに差ができてしまうということではなくて、できれば多様性があるから、お互いに育ちあえるような保育をどうしたら実現できるかを考えていく必要があります。そのためには指導計画とか教育課程とか全体の計画はどのようにしたらいいか、また話し合う時間をどう確保していくか等の課題も多くでてきます。保護者の就労の有無にかかわらず、子どもや保育に関心をもってもらうように、子どもを預けてしまえばいいというのではなく、園と関わる中で、子どもとか保育に関心を持ってもらい、子どもが育っていくことを一緒になって喜んでもらうような仕掛けをどのように作っていくかも考えていく必要があります。さらには子育て支援とはどのようなことかも含め、こども園としての、教育・保育をどのように進めるかは、各園が試行錯誤をしていくしかないと思っています。

② 園における工夫

ゆうゆうのもりでは、開園時間が朝の7時半から夜7時半までですから、それぞれの子どもたちの置かれている状況で、そこの保育をどのようにするか考えていくことにしました。朝の7時半から9時ぐらいまでを「おはよう保育」、午前9時から午後2時までを光の時間、午後2時以降の時間を風の時間と呼びます。そして夕方から午後7時30分をぬくもりの時間というように呼び方を変えています。

このように呼び方を変えて、それぞれに置かれていた子どもの状況に応じて、どのような保育を行ったらいいかを考えていくことにしたのです。9時から2時までの光の時間は、すべての子どもたちがいます。2時になると、帰る子もいれば、幼稚園に残る子もいます。光の時間は普通の幼稚園の保育と同じですが、風の時間では地域性や園の特色をだすことができます。

風の時間とは、幼稚園で言うと預かり保育の時間なのですが、時間の制限が少なく、またやらなければいけない行事もほとんどありません。もちろん、ただ預かっているという保育でもいいかもしれないのですが、風の時間だからこそ面白いことができる可能性も大きいと考えています。ただ、それを実現しようとすると、保育者の力量が問われてきます。光の時間に比べて子どもの人数が少なく保育者の数は多いし、乳児とのかかわりも多いので、ただ保護者を待つだけではない保育をしようと、多様な時間の過ごし方、多様な保育のあり方を考えてきました。

職員の体制は、おはよう保育の時間だけはパートの保育者に任せるなど別体制ですが、光の時間の保育者、風の時間の保育者、乳児の保育者は三つの体制に分かれています。風の時間を担当する保育者は一年間変わりません。シフトではないので、常勤で、11時ごろに出勤し、給食の配膳に入った後に、保育に入ります。月曜日と金曜日は、話し合いのために早めに来て打ち合わせをします。子どもと昼食を食べて、13時ぐらいに昼礼をして、風の時間の保育が始まる

という形です。職員の連携には、ノートをいろいろと活用しています。朝礼メモとか、前日の終礼ノートか、乳児ノートとかです。他学年の子どもの様子や、出来事、職員の動きなどを知り、自分たちのねらいとか、保育の流れを確認していきます。

風の時間は、地域に帰ったような生活をコンセプトにしているので、小学生ボランティアをお願いしています。4～5人の小学生が学校から直接来て、子どもたちと関わってもらいます。午睡は2歳の部屋で、2歳児と一緒に寝ます。おやつは3時からで、カードを使って、全員一緒ではなくて、自分たちのペースを大事にしながらおやつを食べるというようなやり方をしています。

③　園における工夫2

保育の質を向上させるために、これは光も風もみんなやることにしているのですが、週単位でドキュメンテーションを作っています。保育の質が高まるためには、記録を丁寧に書けばいいのか、または、話し合いをすればいいのか、先生たちと話し合いをしながら、ドキュメンテーションを作成することにしました。保育を可視化して、保護者にもわかってもらうことも重要な園の役割です。写真を撮ったりすることは若い保育者は得意なので、写真を中心としたドキュメンテーションを作成し、保護者に発信したり、他のクラスの保育者と情報を共有したり、自分の保育を振り返ったりするようにしています。

こども園はとかく乳児と幼児に分かれることが多くあります。子どもの事に関心を持ってもらうためには、子どもたちが育っていく姿をきちんと見えるようにしていくことが大きいと思っています。

④　大切にしていること

1号の子どもたち、要するに14時に家庭に帰る子どもたちが地域や家庭で生活しているということも、とても大事だと考えています。地域に子どもの居場所がきちんとあるべきだと思っています。その役割もこども園は意識しておく必要があると感じています。

園の中に3号として乳児はいるのですが、家庭で育てられている乳児もいます。いろいろな子どもたちが様々に豊かな育ちを保証されることで、3歳以上の幼児教育、つまり9時から14時までの時間に、その子どもたちが混じり合って育ちあう集団性ができてきます。こども園は多様さがあり、多様なことは一見いいことではあるのですが、その多様さに対抗できず、園全体がバラバラになっていくとすれば子どもは育ちません。

例えば風の時間で、バッタをとった子たちがいたり、家庭でカブト虫を育てた経験のある子があるなど、いろいろなことを経験した子どもたちが光の時間に集まり、虫のことや自然のことを試したり、調べたりすることが学びになっていくのです。そういう豊かな生活こそが、教育や保育の質であるし、またそういう場になっていくことがこども園としてとても大事だと思っています。

ゆうゆうのもり幼保園では、おはよう保育とかぬくもりの時間をどうするかということも議論になりました。おはよう保育では、家庭的な雰囲気が大事だからと、保護者と離れるのを嫌がる子をただ抱っこして

いる保育者と、もうちょっとその子が好きな遊びを大事にしてもいいのではないかという保育者とで意見が分かれることが起こりました。朝、保護者と離れることが苦手な子どもが、シャボン玉を好きだったこともあり、一方の保育者が朝から園庭でシャボン玉をしようとしました。すると、家庭的な保育を大事にしようとする保育者からは、子どもの管理ができなくなるのではないかという声がでたのです。そこでみんなで改めて話し合い、いろいろ試してみることになったのです。

このような議論を経て、7時半から8時45分の保育が充実してくると、園に行きたくないといっていた子どもたちが、朝起きると、園に行きたいというように変わっていったのです。

⑤ 研修の工夫

風の時間では、横浜市型の預かり保育の子ども、その日だけ残る子ども、いろいろな子どもたちがいます。そのために午睡をする子としない子がいるとか、長期休暇中の保育をどうするかとか、いろいろな課題が生じます。研修をどうするかということでも、0～2歳を担当する保育者は、シフト制ということもあって、年に2～3回、講演的な研修会に出ていくことがやっとです。保護者会も14時半からと17時50分から開催し、土曜日の行事も増えていくなど、さまざまな部分で工夫が必要でした。

研修については、幼児の先生が夏休み中に、0歳、1歳、2歳の保育に入って、ひとりひとりの子どもにゆったりかかわれるよさを感じます。長期休暇中の保育では、港北幼稚園とゆうゆうのもり幼保園の保育者が一緒になってチームを組み、1週間ずつ午前と午後のチームでどのような保育をするかを話し合い、実際に保育をしてみて反省をするということを繰り返すと、そのこと自体が研修になっていきました。港北幼稚園とゆうゆうのもりの子どもたちを合同の保育にして、担任ような見方をするのではなく、そこにいる子どもたちみんなを見ながら、個々の子どものことや遊びの援助、仲間関係の把握などについて話し合いながら保育に取り組むと、それがそのまま園内研修といえるものになりました。この研修方法がいいという話ではなくて、他にもいろいろなやり方で研修のあり方を考えなければいけないと感じています。

4、制度面について思うこと

① さまざまな苦労の末に

制度面では、いままでは園が入園の決定をして、市町村には保育の要件があるかどうかを確認するだけだったのですが、利用調整という制度が入ってきました。横浜市の保育を希望する子どもたちの保護者の状況を点数化して、保育の必要度の高い人は第一希望に入れるのですが、必要度の低い人はいくらその園に入園を希望していても、他に入りたい必要度の高い人がいれば入れないという制度です。保育の必要度が高い人は、第二希望とか第三希望の園でも優先されて入園できます。今までのこども園制度では、園の保育方針等を理解して入園してもらうことができていたのですが、今は、ほかの保育園を希望しているのに、その園に入れないからしかたがなく入園するいうような人たちも入園してくるようになりま

した。

　元々こども園とは、保護者が働いても働いていなくても同じ園にいられるというのが特色であるはずなのに、そのことができなくなっています。また、2歳から3歳への進級時に、これは横浜だけかもしれませんけど、3号認定こどもから2号認定こどもにはならず、1号認定こどもを選択し、そのうえで横浜市の預かり保育を利用したいという保護者も増えてきました。横浜では、待機児童対策のために幼稚園を利用した横浜型預かり保育を実施しています。この制度があるために、2号認定こどもではなく、1号認定こどもになって、預かり保育を利用すると、2号認定こどもでは6歳までしか利用できない多子減免が、小学校3年生までの兄弟にまで適応され、二人目の保育料が半額、三人目の保育料は無料となります。

　また、こども園という一つの園になったことでの悩みもでてきます。2歳から3歳への進級時に、1号認定こどもとして新たに入園してくる子は入園料を払うのに、2歳から3歳に進級する子どもには入園料なり、進級費なりをもらわなくていいかということも起こってきました。一つの園になったということならば、同じ施設を使っている以上、新入園児にお願いしている入園料と同じように、3号認定こどもの保護者からは、進級費をもらうべきではないかと思っています。

　さらにいえば、保育標準時間が11時間ということも課題だと思っています。横浜市は、保育標準時間が11時間の人には、理由を問わず、預かってほしかったら預からなければいけないという言い方をしました。例えばお母さんが美容院に行くという時にも、保育標準時間内なら園で預かるべきだということになるのです。ところが、幼稚園（1号認定こども）の親たちは、子どもを預けて美容院に行くならば、預かり保育分のお金を払わなければなりません。「保育を必要とする」という要件には、保護者の個人的な理由はないのです。

　保育の認定を受けた保護者は、その時間内ならいくら子どもを預けても同じ料金というのでは不公平感が生まれます。このように、まだまだ新しい制度では、調整すべき細かな点は多々あります。

② 子育て支援の"支援"

　課題はいろいろある制度ですが、最後に子育て支援について触れます。ゆうゆうのもり幼保園では、「子育ての支援の支援」を大事にしています。「子育て支援の支援」とは何かと思われる方も多いと思います。「子育て支援の支援」とは、筆者が大きく影響を受けた佐伯胖先生からゆうゆうのもり幼保園の開園式の時に言われた言葉です。いろいろな子育て支援を施設で行うよりも、保護者同士が仲良くなって、お互いに子育てをし合うことを大事にしたほうがいいというのです。保護者同士が、ちょっと子どもを預かってもらう、とか、何かあったら助けてくれる家庭があるなど、地域の中に子どもを通して知り合いを増やしていくことを支援することです。このような流れをこども園として、大事にしていくことこそが、子育て支援ではないかとも思っています。

　こども園には、多様な価値観や多様な生活リズムで生活する子どもが集まってきま

す。そこで子ども同士、保護者同士、それから保育者同士でも、程度の差はあっても、様々な混乱とか葛藤が起こる可能性があります。その一方で、多様な価値観があるからこそ、問題を解決していったり、共に生きていくことに喜びを感じたりすることもできるし、子どもも大人も豊かな学びを得ることが可能になってもいきます。

　子ども・子育て支援新制度では、国や県より市町村の責任が大きくなっています。そう考えると、各市町村がどのような施策を考え、その市町村の子どもたちが、どのように大事にされるかが問われます。地域の優しいまなざしの中で子どもたちが育っていけるように、子どもや子育てにやさしい街をどう作っていくか、そのためには、認定こども園の保育の質や保育者の力量をどう高めていくかが重要な鍵を握っていると思えてなりません。

（文責　渡邉英則）

8章　保育内容構造化の試み —大阪狭山市の事例をもとに—

1、大阪狭山市立こども園の特徴

　認定こども園制度が創設されたのは2006年10月ですが、ここで取り上げる大阪狭山市は市独自の施策として2004年10月から先進的に幼保一体化施設の運営を行っています。2004年12月には、「大阪狭山市幼・保一元化特区」として構造改革特別区域計画の認定を受け、2006年4月にはこども園として開園し、2015年4月に「幼保連携型認定こども園」へ移行しています（1号認定児は4歳児及び5歳児のみ）。

表8-1　大阪狭山市立こども園の園児数（2015年5月1日現在）

歳児	1号認定児	2号認定児	3号認定児	合計
0歳児			11	11
1歳児			20	20
2歳児		2	22	24
3歳児		25		25
4歳児	31	33		64
5歳児	31	38		69
合計	62	98	53	213

2、こども園化に至るまで

　大阪狭山市は「歩いて通える幼稚園」を基本方針に、小学校7校に対して公立幼稚園を10園設置する一方で、公立保育所は2園であり、公立就学前施設としては幼稚園色が強かった背景があります。
　しかし、幼稚園全体の園児数は定員の半分以下にまで落ち込み、その一方で保育所ニーズは増え続け待機児童数が増加していきました。こうした状況を受け、2002年には幼稚園や保育所の再編等を検討する委員会がそれぞれ設けられたのですが、翌年にはどちらの委員会からも、幼・保別々の制度を前提とした対策が限界にきているとの指摘と、幼保一体化に向けた提案がなされ、市として一体化に向け検討を進めることとなりました（大阪狭山市では「一元化」という表記をしています）。

写真8-1　旧保育園園舎

このとき一体化対象となったのは、それぞれ60mほどしか離れていない南第三幼稚園（2年保育）と第2保育所（0歳児〜5歳児）でした。当時の南第三幼稚園は6教室のうち2教室しか利用しておらず、園庭もかなり広い状況にありましたが、第2保育所については園庭も狭く定員を超える児童が入所していました。こうしたことを踏まえ、幼稚園の空きスペースを活用した待機児童対策として、幼保一体化施策に取り組むこととなったのです。

当初は、幼稚園の空き教室で保育に欠ける児童を保育するという形であり、幼稚園利用児と保育所利用児は別クラスとなっていましたが、2006年には混合クラスとして統一カリキュラムにより運営することとな

写真8-2　旧幼稚園園舎

りました。そして、0歳児から3歳児までは旧保育所園舎にて保育を行い、4歳児及び5歳児は旧幼稚園園舎にて教育・保育を行うという今の形態となったのです。

表8-2　大阪狭山市立こども園の経緯

H15.4	幼稚園再編検討委員会及び保育施策検討委員会による一元化検討報告
H16.4	子育て支援室を設置（幼稚園・保育所事務の一元化を図る）
H16.7	幼保連携施策推進計画策定
H16.10	幼保一体化施設として運営開始（隣接幼保） 南第三幼稚園と第2保育所
H16.12	構造改革特別区域計画の認定
H17	統一カリキュラムの作成
H18.4	幼・保一元化施設　仮称こども園開設
H20.4	保育所も教育委員会所管へ
H27.4	幼保連携型認定こども園（大阪狭山市立こども園）へ移行

3、教育・保育内容の在り方

① 「あそびを中心とした教育的活動」
　　　—教育・保育内容の統合に向けて—

当市は幼保一体化施設の運営に先立ち、2004年7月に幼・保連携施策推進計画書を策定し、施設形態（幼稚園・保育所・幼保一体化施設）の違いにとらわれず同じ内容の教育・保育を受けられるよう統一した育成方針を確立すると示しており、当時こうした方針を打ち出したのは非常に先進的であるといえるでしょう。

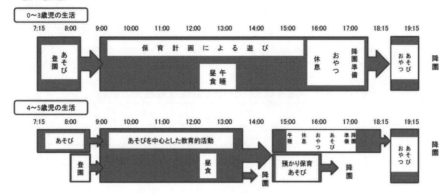

図 8-1　大阪狭山市立こども園の一日の生活の流れ

　また、同時期に担当課や現場職員による幼保一体化カリキュラム検討のワーキングチームが設置され、一体化にあたっての課題の整理や異なる保育内容や文化の融合について検討が重ねられました。

　特に 4・5 歳児については、幼稚園型の生活リズムや教育内容と保育所型のそれらとをどのように調整するかといった点は大きな課題となりましたが、在園時間の短い幼稚園型の子どものリズムに合わせていくことが現実的な手段として選択されました。そして、午前 9 時から午後 1 時半までを「あそびを中心とした教育的活動」として位置づけ、それ以降については預かり保育や長時間の保育として、自由遊びを中心とした生活に位置づけられました（図 8-1 参照）。

　この「あそびを中心とした教育的活動」は、道具の使用といった基本的技能の獲得や集団での取り組みなどを中心としながら、明確なねらいを持った一斉活動的な流れによって進められることが多いようです。保育所側からの視点とすると、一体化前に比べてより集団活動的な要素や、明確なねらいと内容を持って活動を展開するようになり、幼稚園の積極面が反映されるようになりました。

　このあたりは指導計画においても垣間見ることができます。表 8-3 は 2015 年度 4 歳児の 1 月期指導計画から抜粋したものですが、正月明けで生活リズムを取り戻そうとする児童に対する「ねらい」が系統的に高まっているのが読み取れます。単に遊びを楽しむところから、伝え合う姿へ、工夫する姿へ、考えて協同する姿へといった展開です。こうした遊びの質的な高まりや友だちとの関わりを高めていってほしいというねらいに応じて内容や環境構成等も変化しているのがわかります。つまり、明確なねらいを意識して教育・保育を行っていると言えるでしょう。

② 「保育計画によるあそび」

　一方で 0 歳児から 3 歳児については、日中を通して「保育計画によるあそび」と位置づけられ、特に 2 歳児までは育児担当保

育による愛着形成や基本的生活習慣の獲得、自由遊びを中心とした生活が維持され、生活面重視の保育となっています。

なお、4・5歳児クラスの担任保育者は主に「あそびを中心とした教育的活動」に関わり、その時間以降の保育は別の保育者が関わることができるように複数の保育者配置になっています。この間、交代した担任

表8-3 2015年度4歳児1月指導計画（関連部分抜粋）

	第1週	第2週	第3週	第4週
ねらい	・好きなあそびや正月遊びを楽しむ	・自分の思いや考えを出しながら、友だちと一緒にあそびを楽しむ。	・気の合う友だちと工夫しながら、あそびを進めていく楽しさを味わう	・遊び方やルールを考えて、友だちと一緒にあそぶ楽しさを味わう
内容	・好きなあそびや正月遊びをする	・自分なりの課題に挑戦したり、ためしたりする ・保育者や友だちと体を動かして遊ぶ	・友だちと一緒にあそぶ中で自分の思ったことを伝えたり、友だちの考えを聞いたりする。 ・あそびに必要なものを友だちと相談して作り、作ったものを使って遊ぶ	・自分たちでルールを決めたり考えたりしながら遊ぶ。 ・友だちに自分の考えや思いを言ったり、友だちの考えを聞こうとしたりする。
環境構成及び援助	・正月遊びが楽しめるよう用意しておき、スムーズに遊びだせる環境をつくる。	・友だちと一緒に同じ遊びを楽しむ中で、思いを伝え合っている場面を大切にしていく。 ・思いのすれ違いからトラブルに発展した際は、それぞれの気持ちを相手に伝えられるように援助する。	・様々な素材を用意しておいたり、みんなでつくる機会などを持ったりして、作ったもので遊ぶ楽しさが味わえるようにする。	・ルールのある遊びの理解には個人差があるので、遊び方の食い違いが出てきたときには個々の状況に応じて遊び方を伝えていく ・子どもたちから出たアイデアを取り上げながら遊びを工夫していくことで、自分たちで作り上げる充実感が味わえるようにする

保育者はその日の保育の振り返りや会議を行ったり、翌日以降の保育準備をすることになります。他方、0～3歳児クラスの担任保育者は、夕方まで保育を行うため4・5歳児のクラス担任とは異なる勤務形態となっています。

なお、3歳児が「あそびを中心とした教育的活動」に位置づけられなかった背景としては、本市の公立幼稚園すべてが2年保育であることや、旧幼稚園園舎の面積事情により3歳児は旧保育所園舎で生活せざるを得なかったということが考えられます。

③　「わくわく」生活の試み―保育現場における営み―

幼保一体化によって降園時間の異なる児童が混在するようになり様々な課題に直面しましたが、保育現場では教室の割り振りを変更したり、時期によって降園時間をずらすなど試行錯誤が重ねられました。そして、現場保育者によって、幼稚園型の児童は「とことこさん」、保育所型の児童は「わくわくさん」と呼ばれるようになりました。これは、14時になると幼稚園型の児童が「とことこ」と帰っていく様を表し、保育所型の児童は14時以降も「わくわく」生活する姿を期待してこのように名づけられました。これは、現場の保育者が生活リズムの異なる児童をうまく融合させようとする意識の表れであるともいえるでしょう。

また、旧保育所園舎で生活する3歳児は「保育計画によるあそび」によって展開される生活面重視の保育内容となりましたが、旧幼稚園園舎へ出向いて異年齢交流を図ったり、意図的に一斉的活動を取り入れるなど、4・5歳児へのスムーズな接続が図られるようになりました。

4、大阪狭山市の教育・保育内容の統合の特徴

当市では教育委員会が主体となって「大阪狭山市保育教育指針」とそれを具現化するためのアクションプランを毎年策定し、認定こども園、幼稚園及び保育所における一体的な目標を示しています。これは就学前だけでなく小中学校をも包括する目標であるため、積極的教育の要素が強くなっているといえるでしょう。

実際に、こども園で行われている「あそびを中心とした教育的活動」についても、一斉的活動によって児童一人ひとりに対する経験の機会の確保が図られ、積極的教育が意識されているように思います。これは、公立幼稚園が圧倒的に多かったことも影響しているかもしれません。実際に公立保育所当時の保育内容と比較すると、現在は積極的教育の側面が強くなっているという印象を現場保育者は持っているようです。

一方で、乳児期の生活については育児担当保育を取り入れ、生活リズムの確立や基本的生活習慣の獲得を目指し、安定的な生活基盤を培ったうえで幼児期教育へ接続しようとしています。これらは、幼稚園の積極性と保育園の積極性を融合させようするひとつの姿ともいえるのではないでしょうか。

5、今後の方向性と課題

当市では3年保育の導入が課題として検討されていましたが、平成29年度より3

歳児保育が実施され始めました。それによって、これまで生活中心の保育内容が進められてきた3歳児クラスにおいてどのような教育・保育内容の展開を図っていくのかが注目されます。その際は、本市が長年の幼稚園教育の中で培ってきた系統的な積極性と育児担当保育等で充実を図ってきた養護面をうまく融合していくことが期待されます。

本市は全国に先駆けて幼保一体化を進め、そのあり方を模索してきたからこそ、本市の教育・保育内容の在り方は一つのモデルとして成立しているといえるでしょう。

〈謝辞〉

まとめるために狭山市及び市立こども園には多大な御協力、アドバイスをいただきました。重ねてお礼を申しあげます。

表8-4　2016年度　大阪狭山市保育教育指針

めざす保育・教育活動のイメージ	集団の姿（つながる姿／認め合う姿）
	個人の姿（自発的な姿／自身が高まる姿／よい姿勢で集中する姿）
向上の視点	学力の向上 ・主体的、協働的な学びの充実 ・家庭学習の習慣化
	心の力の向上 ・どの子も安心して学べる集団づくり ・道徳教育の推進
	体力の向上 ・運動能力の伸びを実感できる取り組みの工夫 ・命を守る行動力の育成

（文責　青木一永）

9章　豊中市のこども園の状況

1、豊中市のこども園の特徴

　大阪府豊中市は、新制度に伴い2015年（平成27年）4月1日に、公立幼稚園、公立保育所の全園を公立認定こども園に移行しました。とくに、公立幼稚園と公立保育所を統廃合することなく、全園をそのまま公立認定こども園へ移行するというのは全国的にも珍しいケースです。他方、市内の私立幼稚園・保育園も、旧制度時代から旧認定こども園が数か所ありましたが、新制度に移行するにあたり、こども園に移行する園も増えました。公立幼稚園と公立保育所を統廃合することなく、全園をこども園へ移行することになった経緯について、担当部局にインタビューした結果を要約すると、おもに次の4点があげられます。

○　市長の方針として、公立園のこども園化が推進されていた。
○　待機児童が多いので、園・所の総数を減らすのではなく、むしろ公立幼稚園をこども園にすることで、待機児童を少しでも解消することとした。
○　旧来から、新規職員募集に際し、幼稚園教諭採用枠と保育所保育士採用枠を区別することなく、一括採用してきている。
○　幼稚園教諭と保育所保育士の給与棒級表を統一したものにしている。

　以上のようなことが背景要因としてあり、豊中市の公立の就学前の子どものための施設として、統一カリキュラム等を策定し、全園をこども園化した経緯があります。
　ここでは、順を追って豊中市のこども園の状況を説明していくことにしましょう。

2、豊中市の人口及び就学前施設数の概況

　豊中市は大阪府の北部に位置し、人口約40万人、世帯数約17万世帯の中核市です。2017年10月1日現在の0～5歳の子どもの人口は2万2000人あまり（0～6歳で、2万6000人あまり）です。表9-1に、「平成30年度　豊中市　教育・保育施設等利用のご案内」より、豊中市の就学前施設数の状況を示しています。これは2018年4月開設の新設園、2018年4月からこども園への移行園等を含めた2017年12月1日現在の豊中市の就学前施設の状況です。これを見ると、2018年4月には全体で129施設になり、その内、こども園は公私および連携型・幼稚園型を合わせて42施設（全体の約33％）です。幼稚園が22施設（全体の約17％）である一方、保育所は小規模保育施設等含めて65施設（全体の約50％）であること等を考えると、市内全般的に長時間保育のニーズが高いと言えます。

表9-1　2018年度の豊中市の就学前施設数一覧（2017年12月1日現在）

設置者	公立	私立					計
施設種別	幼保連携型認定こども園	幼保連携型認定こども園	幼稚園型認定こども園	保育所	小規模保育施設等*2	幼稚園	
施設数(か所)	26	11	5	51	14	22	129
割合（%）*1	20	8.5	3.9	39.5	10.8	17	100

（出典:豊中市こども未来部「平成30年度豊中市教育・保育施設等利用のご案内 H29.12ver.」より作成）
*1　割合は、小数第1位以下を四捨五入しており、計は100%に一致しない。
*2　「小規模保育施設等」には、「小規模保育施設A型」（14か所）、「事業所内保育事業」（2か所）、「家庭保育所」（5か所）を含む

表9-2　公立こども園の2018年度園児募集の概況（全26か所）

もとの施設形態	施設名	対象
もと公立幼稚園（7か所）	ゆたか、てしま、しんでん、てらうち、のばたけ、とねやま、せんなり	1号・2号（せんなりのみが4、5歳児のみ *1）
もと公立保育所（19か所）	桜井谷、豊南西、庄内、野田、栄町、旭丘、東豊中、服部、東丘、庄内西、小曽根、西丘、島田、高川、原田、蛍池、本町、北緑丘、豊中人権まちづくりセンター	1号・2号・3号（3号については、0歳児からが13か所、1歳児からが5か所、2歳児からが1か所）

（出典:豊中市こども未来部「平成30年度豊中市教育・保育施設等利用のご案内 H29.12ver.」より作成）
*1　せんなりこども園は豊中市の最南部に位置し、児童数が最も少ない地域で小学校以上も統廃合が検討されている地域に位置しています。

3、公立こども園の状況について

① 公立こども園の全体的な概況（2017年度）

　表9-2のように、もと公立幼稚園（7か所）、もと公立保育所（19か所）は、すべて平成27年4月から公立のこども園（全26か所）となりました。その呼称も元幼稚園・保育所の区別なく「ゆたかこども園」「桜井谷こども園」のように、すべて「○○こども園」と統一されています。しかしながら、施設面や地域の児童数等を鑑みたとき、3号認定児の受け入れ等はもと幼稚園施設では難しく、もと幼稚園に関しては1号認定児・2号認定児のみの受け入れとなっています。

　もと公立幼稚園から移行したこども園については、移行以後、3号認定（012歳児）の保育は実施していません。インタビューによると、もと幼稚園の施設には厨房設備がないため、現在給食は外部搬入しており、012歳児のための自園調理ができないという理由があるとのことでした。

　もと公立保育所から移行したこども園については、2018年度募集では1号・2号・3号認定の子どもとなっていますが、平成27、28年度においては、1号認定の募集はありませんでした。移行後この数年をかけて、地域の待機児童数などを鑑み順次1号認定の子どもの募集開始へと移っていきました。インタビューによると、3号認定の待機児童が多い中で、1号認定の定員枠を

表 9-3　もと公立幼稚園のこども園化の年次進行

	2015 年度	2016 年度	2017 年度以降
開園時間の延長	月曜日～金曜日 9 時～17 時	月曜日～土曜日 7 時～19 時※1	月曜日～土曜日 7 時～19 時※1
募集対象児童	4 歳児（1 号） 5 歳児（1 号）	3 歳児（2 号）※2 4 歳児（1 号） 5 歳児（1 号）	3 歳児（2 号）※3 4 歳児（1 号） 5 歳児（1 号）
園バスの運行	有	有	無

(出典：豊中市こども未来部「豊中市教育・保育施設等利用のご案内」(平成 27,28,29 年度分) および、豊中市こども未来部のホームーページより作成)

※1　1 号認定の児童が、月～金の 9 時～14 時以外の時間帯に保育を利用する場合、一時預かりとして別途延長保育料がかかる。（200 円／1 h）

※2　3 歳児（2 号）の受け入れについては、平成 28 年度募集においては待機児童解消の観点から、ゆたか・てしま・しんでん・てらうち・のばたけの 5 園で実施。せんなり・とねやまの 2 園については、地域の待機児童数、周辺施設の配置状況から実施しない。また、3 歳児(1 号)の受入れはしていない。

※3　平成 29 年度以降の募集対象児童については、今後の待機児童の状況等を勘案し決定していく。

設定し募集するのは難しいと思われるという理由があったそうです。また、旧幼稚園では園区を設け、幼稚園バスを運行してきていましたが、こども園に移行後も 2016 年度まで園バスの運行を継続していました。しかし、2017 年度より廃止することにともない、旧幼稚園 7 か所のみならず、26 か所のこども園から選択できるように、旧保育所においても 2 名程度の 1 号認定の子どもの募集を行うことにしていったとのことでした。

② 公立幼稚園のこども園化への取り組み

公立幼稚園のこども園化に向けては、2014 年度より預かり保育を拡充することによる開園時間の延長、2015 年度より名称を「幼稚園」から「こども園」と改め、園区の廃止を行い、2016 年度より「保育標準時間（午前 7 時から午後 6 時）」＋「延長保育 1 時間」の長時間保育の開始、さらに 2 号認定の 3 歳児の受け入れ開始というように、段階的にこども園化を図っています。表 9-3 に、2015 年度以降の認定こども園化の年次進行を示しています。

表 9-3 を見ると、2015 年度は、1 号認定の 4・5 歳児の子どものみで、一時預かりの保育は従前より実施していたため、実質的には旧幼稚園と大きな変更はなかったものと思われます。しかしながら、2016 年度以降は、2 号認定の 3 歳児が入園することによって、「初めての 3 歳児保育」と「初めての長時間保育」を経験し、模索しながら日々の保育を重ねています。幼保の保育者の人事交流は従前より実施していましたが、さらに推進する中で、「初めての 3 歳児保育」と「初めての長時間保育」の課題を解消しようとしています。

また、2017 年度以降は、3 歳児保育のあり方だけでなく、4 歳児保育における 2 号認定進級児と、1 号認定新入園児の混合による保育のあり方についての課題解消を図っていく必要があります。インタビューによると、2015、2016 年度においても、すで

に年度途中で認定の変わった児童（1号から2号認定へ）もおり、その対応もしているそうで、少しずつ様々なことに対応しながら課題を解消していっているそうです。

③　公立保育所のこども園化への取り組み

2015年度より、旧保育所19か所もこども園となりましたが、当初は2号認定と3号認定のみ募集で、1号認定の募集は実施していない状況でした。インタビューによると、2015、2016年度においても、もと幼稚園同様に、すでに年度途中で認定の変わった児童（2号から1号認定へ）もおり、その対応もしているとのことでした。また、人事交流で、旧幼稚園の幼稚園教諭が、こども園（旧保育所）の保育教諭として転任することによって、公立幼稚園で培ってきた「積極的教育の役割」を活かしていこうという試みも始まっています。また、他方、豊中市公立保育所で培ってきた人権保育の考え方も引き続き大事にしつつ、人事交流を通して、それがもと幼稚園にも広がり、豊中市公立認定こども園の新たな保育のあり方が模索されつつあります。

4、公立認定こども園のデイリープログラム

前述のように、全公立園・所が2015年度よりこども園に移行しましたが、公立園の保育のあり方を示す統一カリキュラムの検討もほぼ同時に始まりました。それまでの保育課程、教育課程を統合しつつ、こども園としての「全体的な計画」をどのようにするかが検討され、2016年3月に豊中市こども未来部「豊中市立幼保連携型認定こども園　全体計画」（全45頁）が策定されました。そこに掲載されている種々の計画類の中からデイリープログラムについて、表9-4「3歳児のデイリープログラム」、表9-5「4・5歳児のデイリープログラム」を示します。

表9-4を見ると、3歳児は1号認定児も2号認定児も一緒に過ごすのは、9:30～13:00です。その中で、とくに遊びの時間帯は「クラスでの遊び」（10:00～11:00）と、12:30までの「昼食後の遊び」になっています。1号認定児は午睡がないので、13:00以降は合同保育での遊び、2号・3号認定の子どもは午睡・おやつを挟んで、16:00以降が「夕方の遊び」の時間となっています。

表9-5を見ると、4・5歳児も3歳児と同様の流れになっていますが、昼食時間、休息時間を3歳児に比べて遅らせることにより、1号認定も2号認定も一緒に過ごす時間を長くし、とくに「クラスでの遊び」の時間を増やしています。

このように子どもの発達に応じて3歳児と4・5歳児で、一日の生活の流れの時間、一緒に遊ぶ時間の工夫をしているのが特徴です。

表9-4　3歳児のデイリープログラム《1日の流れ》

時間	1号認定	2号認定（短時間）	2号認定（標準時間）
7:00	延長保育	延長保育	順次登園 朝の遊び（合同保育）
9:00	順次登園 朝の遊び（合同保育）	順次登園 朝の遊び（合同保育）	
9:30	朝の集まり（挨拶・出欠調べ・体操・その日の予定・行事の紹介等）		
10:00	クラスでの遊び（園全体・学年・異年齢交流など）		
11:00	昼食準備		
11:30	昼食 クラスでの遊び		
12:30	片付け 1日の振り返り・絵本タイムなど		
13:00	昼の遊び（合同保育）	午睡準備 午睡	午睡準備 午睡
13:15			
13:40	降園準備		
14:00	降園 園庭開放 延長保育		
15:00	おやつ（1号の延長保育児と2号保育児合同）		
16:00	延長保育（おやつ）	夕方の遊び 順次降園	夕方の遊び 順次降園
17:00			
18:00		延長保育（おやつ）	延長保育（おやつ）
19:00	保育終了	保育終了	保育終了

表9-5　4・5歳児のデイリープログラム《1日の流れ》

時間	1号認定	2号認定（短時間）	2号認定（標準時間）
7:00	延長保育	延長保育	順次登園 朝の遊び（合同保育）
9:00	順次登園 朝の遊び（合同保育）	順次登園 朝の遊び（合同保育）	
9:30	朝の集まり（挨拶・出欠調べ・体操・その日の予定・行事の紹介等）		
10:00	クラスでの遊び（園全体・学年・異年齢交流など）		
11:00			
11:30	昼食		
12:30	クラスでの遊び（園全体・学年・異年齢交流など）		
13:00			
13:15	片付け 1日の振り返り・絵本タイムなど		
13:40	降園準備		
14:00	降園 園庭開放 延長保育	休息時間	休息時間
15:00	おやつ（1号の延長保育児と2号保育児合同）		
16:00	延長保育（おやつ）	夕方の遊び 順次降園	夕方の遊び 順次降園
17:00			
18:00		延長保育（おやつ）	延長保育（おやつ）
19:00	保育終了	保育終了	保育終了

5、公立こども園の保育の共通化・質の向上への取り組み

① めざす子ども像

どの自治体においても教育課程や保育課程、全体的な計画などを策定するにあたっては、「めざす子ども像」をまず考えて、その子どもの像を目指して様々な計画が作られます。豊中市の場合も「豊中市立幼保連携型認定こども園 全体計画」を策定していくにあたり、これまで公立幼稚園・公立保育所で大事にしてきた人権保育の視点を持った子ども像を踏まえて、「人とつながり生きる力の基礎を培う」を中心の軸として、「A 健やかな心と体をもつ子ども」「B 主体的に考え、行動する子ども」「C 豊かな感性をもつ子ども」「D 自分なりに表現する子ども」の4つの柱を据えました。これは豊中市の公立幼・保ともに大事にしてきた人権保育の視点を軸に考えられたものです。また、この4つの柱はそれぞれ独立しているものではなく、重なり合って相互に関連しあっているという考えや、その4つの具体的な意味等が、「豊中市立幼保連携型認定こども園 全体計画」の最初に示されています。

さらに、この子ども像の4つの柱は、指導計画を作成する際の具体的なポイントとして、各種指導計画類の書式にも位置づけられています。この子ども像の4つの柱を踏まえて、それぞれのこども園で年間指導計画、月間指導計画等が策定されますが、保育の共通化を図るために「豊中市立幼保連携型認定こども園 全体計画」では、そのモデルとなる年間指導計画が0歳児から5歳児まで示されています。

このようにして、もと公立幼稚園で培ってきた保育のあり方と、もと公立保育所で培ってきた保育のあり方を、共通カリキュラム策定により融合し、それぞれの良さが生かされた特徴をもったものになっています。

② 園内研修・園内研究による共通理解と保育の質の向上の取り組み

一般的に、公立幼稚園は、全国国公立幼稚園協会のつながりの中で、「集合研修（園外研修）」とともに、園ごとに研究テーマを設けて園内研究に取り組み、保育の質の向上に取り組んできた伝統があります。他方、公立保育所は各自治体の研修等を中心とした「集合研修」を中心として保育の質の向上に取り組んできた伝統があります。とくに豊中市ではそのような研究・研修とともに、幼保の合同研修や、保育所独自の園内研修等（人権保育を中心として）も行ってきた伝統がありました。

しかしながら、2015年度より全園がこども園化していくにあたり、新たな課題への対応や、さらなる保育の質の向上のための自治体としての施策の必要性を感じて、2014年度から「保育アドバイザー研修制度」がスタートしました。それまでも公立幼稚園では個別の園で、大学教員等の外部講師を招き、園内研究・園内研修を行ってきていました。そこで、その仕組みを公立保育所にも適用し、全19か所の公立保育所も含めて「保育アドバイザー研修」が各園に年3回義務付けられました。

具体的には各園で「1年間の研究テーマ」を設けて、その3回を外部講師の派遣を受けて行うことができるようになっています。

全26園が年間3回外部講師を呼ぶということは、それだけの研修費予算を「保育アドバイザー研修制度」のために割いているということです。

「1年間の研究テーマ」は、これまで豊中市で培ってきた人権保育の視点を押さえながら、5領域や障害児保育、指導計画の見直し、3歳児保育の実践などがあげられます。そのテーマ設定に際しては、「豊中市立幼保連携型認定こども園　全体計画」が机上の空論ではなく、より充実して生きてくるように、各園が具体的に行うことが求められています。

たとえば、改めて「環境を通して行う」という保育の基本に立ち返るために、「園内・保育室の保育環境の見直し・改善」や、「園庭遊びが充実し、子どもが主体的に遊ぶための保育環境のあり方」などをテーマに据えて、外部講師を招きながら園内研修・園内研究を行うなどの取り組みや、「遊びを通して豊かな仲間関係が育つために」「子どもの自己表現をより引き出すために」といったテーマで外部講師を招きながら1年間園内研究を深めていくといったことなども取り組んでいます。そして、必ず「人とつながり生きる力の基礎を培う」といった人権保育の視点を含めて考えることになっています。

以上のように、もと幼稚園・保育所が「幼稚園教育要領」「保育所保育指針」に基づき、人権保育を基盤にしながらも、それぞれの保育を追求してきた流れから、こども園化を機に「幼保連携型認定こども園教育・保育要領」に基づく保育、「豊中市立幼保連携型認定こども園　全体計画」を踏まえた保育を行うために、このような取り組みも行っていることが豊中市の特徴だと言えるでしょう。

③　園長会・副園長会・主任会による取り組み

公立こども園だけで26園もあると、それぞれの園の取り組みだけでなく、様々なことを共通理解しながら束ねていくことも必要となってきます。そのため、豊中市公立こども園では、園長会・副園長会・主任会を設け、定期的に情報交換や質の向上のための取り組みを行っています。園長会は全体のマネジメントや豊中市の保育行政についての共通理解を図ることが重要な役割ですが、副園長会は次世代の園長候補者であり、求められる役割は違っていますので、その役割に応じた会議や研修のあり方を工夫されています。

とくに副園長会では、2017年3月の3法令のトリプル改訂にともない、2017年度は「幼保連携型認定こども園教育・保育要領」を踏まえた豊中市公立こども園の「自己評価ガイドライン」の見直しを行っています。それにより、これまでそれぞれが培ってきた保育のあり方を「幼保連携型認定こども園教育・保育要領」に結び付け、さらに保育教諭すべてが「自己評価」のサイクルを回していくための判断基準を策定することを通して、保育の質の向上を図る仕組みを作っていこうとしています。

さらに主任会では、2017年度は他の保育教諭への助言等について、根拠をもって行うために、「5領域」「10の姿」「資質・能力の3つの柱」を、それぞれの実践を持ち寄って、意味づけ、実践的な理解を深めるための研修を積み重ねています。

このように、豊中市ではリーダー層の人材育成を重ねながら、こども園の新たな保育のあり方を探り、保育の質の向上を図っていくための仕組みづくりに取り組んでいるのが特徴といえるでしょう。

6、今後に向けて

以上のように、豊中市は公立施設だけでなく、民間施設を含めて129施設を有する大きな自治体です。公立施設はそのうちの20％を占めており、公立施設としての地域のモデルの1つになるように、「豊中市立幼保連携型認定こども園　全体計画」策定、保育アドバイザー研修等を通して質の向上を図っています。しかしながら、まだまだ模索しながら手探りで取り組んでいるのが実情です。豊中市の場合、公立幼稚園・公立保育所の統廃合による少数数に絞られた形でのこども園化ではなく、園数を減らさずそのままそれぞれの施設がこども園化しました。近年多くの自治体で、若手保育教諭の採用数が拡大する傾向にあり、公立施設数が多い豊中市の場合も、近年30名規模の新卒・既卒者の募集になっています。そのための人材育成も課題となっています。

しかしながら、豊中市のようなこども園化は、全国的にも稀有な取り組みであるがゆえに、他の自治体等をモデルケースにすることが難しく、独自に取り組んでいかなければならず、模索しながら様々な取り組みをしています。

これらの取り組みを整理すると、
○　人事交流（もと幼稚園から保育所への配置転換、保育所から幼稚園への配置転換）
○　年次進行で、順次、園児の受け入れ体制を考えている。
○　設備や周辺保育施設の状況を鑑み、もと幼稚園は今のところ3号認定児を受け入れない。
○　共通カリキュラムの策定
○　保育アドバイザー研修制度を各園で実施
○　リーダー層の人材育成による保育の質の向上

といったことが、こども園化に伴った特徴だと考えられます。

他方、施設数が多いと保育教諭も増え、新卒の若手も増え、それだけ共通理解を図ることが難しいのも実情です。1つの施設内だけでも、なかなか打ち合わせや研修の時間が取りにくい状況ですが、全26園の全保育教諭となると、さらに共通理解は難しいと言えます。そのための「共通カリキュラムの策定」「保育アドバイザー研修制度を各園で実施」「リーダー層の人材育成による保育の質の向上」などを、自治体として組織的・体系的に施策を打ち出し取り組んでいるのでしょう。

そして、それを支えているのが、豊中市の人権保育を軸にした研修の取り組みや、その研修の文化だと言えます。公立幼稚園では、研究テーマに応じて公開保育や公開研究会の仕組みが一般的にありますが、公立保育所ではそういう仕組みがない自治体も一般的です。しかしながら、豊中市の場合は、公立保育所で互いの保育を見合いながら、子どもの人権について考え、子ども同士の関係を遊びの発展ともに考えていくといった独自の研修文化を構築してきました。だからこそ、全園がこども園になっ

ても、「保育アドバイザー研修制度」や「共通カリキュラムの策定」が生きたものになっていると思われます。

今後の課題は、保育の質の向上の面では、「保育アドバイザー研修制度」を含めた園内研修・園内研究のあり方の再構築が考えられます。もと幼稚園の場合、3号認定児がいないので、保育アドバイザー研修では年3回のうち1回は公開保育として「午前中に公開保育」「午後3時から5時まで、それを踏まえた研修」として外部に開いて取り組んでいるケースもあります。しかしながら、もと保育所の場合は、「午後3時から5時まで、それを踏まえた研修」とすると参加者もかなり限定されてしまうので、「午前中に公開保育」「午後6時（7時）から1時間半（2時間）で、それを踏まえた研修」というように、開催時間も遅くならざるを得ないのが実情です。また、保育アドバイザー研修は年3回実施ですが、園内研修による保育の質の向上のためには、より定例的なサイクルで回数を増やす必要あります。そのための仕組みづくりが改めて豊中市独自で考えて構築していくことが必要なのではないかと思われます。

そして、それとともに、キャリアパス策定を踏まえて若手保育教諭からリーダー層までの人材育成についても、施設数が多いのでこれまで以上に体系化していく必要があると思われます。

〈謝辞〉

なお本稿をまとめるために豊中市の皆さんに御協力いただき感謝申しあげます。

（文責　瀧川光治）

10章　新制度で問われる保育概念
～こども園・幼稚園・保育所への意識調査より～

はじめに

　ここでは、新制度以前、つまりこども園がまだ広く普及する前の現場の声を概観します。現状と照らし合わせながら、その課題や乗り越えなくてはいけないもの、そして実践現場ならではの工夫を模索したいと思います。具体的には、子ども子育て支援制度が始まろうとする時期つまり2015年2月頃における、保育実践現場に対してのインタビュー調査から、その当時の現場の心情を読み解くことで、こども園の未来、そしてその当時の混乱期から見えてくるものは何か、また意識しなくてはいけないことは何か、ということを見出したいと考えます。

1、問題と目的

　子ども子育て支援新制度が2015年4月にスタートするに当たって、大阪府内のこども園（4園）、幼稚園（6園）、保育所（7園）の施設長もしくは事務長格の方々に同年1~2月にお話を聞き、報告書としてまとめました。報告書をとりまとめた弘田と東城は、2013年～2014年にわたって、幼保一体化についてのアンケート調査を行い、『幼保一体化の課題と方向　～大阪府下の幼稚園・保育所を対象にしたアンケート調査を通して～』（ふくろう出版）を刊行しています。この研究を土台に、本章ではそのアンケート調査の延長線上に、新制度開始前の「生の声」を様々な規模の施設から聞くことによって、より良い新制度運営の一助にしたいと考えます。

　本章の調査の契機は施行前新制度の意識調査です。調査に協力頂いた各園には、名称を示さない形での公表の許可は得ております。ただし、公表の許諾を得られなかった園についてのデータは本稿からは除外しています。まずは新制度開始前の忙しい時期にインタビュー調査をお受けくださった各施設の方々にお礼申し上げたいと思います。以下には調査の枠組みを示します。

2、方法

　質問項目をあらかじめ示した調査用紙を事前に郵送し、ご一覧願った上で、大阪府内のこども園、幼稚園、保育所の施設長もしくは事務長格の方々にインタビュー調査（2月上旬から中旬にかけて、各園を訪問し40分から1時間程度）を実施しました。主な質問内容は、園の概要、園の規模、認定こども園への移行状況、求める施策、保育内容上の提言、新制度についての意見、その他となっています。なお、調査員は玉置哲淳、大方美香、弘田陽介、東城大輔、芝田圭一郎（大阪城南女子短期大学・専任講師）の5名で行いました。

表 10-1　調査対象園

	園の表記	園の特徴
A市	こども園 H	A市南部こども園（幼保連携型認定こども園から幼稚園は認定こども園幼稚園型、保育所は特定教育・保育施設に 2015 年度より移行）
B市	こども園 I	大阪府下小規模市の公立先駆的こども園
C市	こども園 J	A市北部こども園（幼保連携型認定こども園から幼稚園は私学助成を受ける幼稚園、保育所は保育所型認定こども園に 2015 年度より移行）
A市	こども園 L	A市南部こども園（私学助成を受ける幼稚園から幼保連携型認定こども園に 2015 年度より移行）
D市	幼稚園 M	北摂大規模幼稚園。園児数は、1歳児7、2歳児9、3歳児75、4歳児92、5歳児92。職員数は正規職員 22、非正規職員 32。
C市	幼稚園 N	北摂大規模幼稚園。園児数は、2歳児40、3歳児108、4歳児120、5歳児114。職員数は正規職員 21、非正規職員 14。
A市	幼稚園 O	A市幼稚園。園児数は、3歳児54、4歳児63、5歳児57。職員数は正規職員 13、非正規職員 1。
A市	幼稚園 P	A市大規模幼稚園。園児数は、2歳児24、3歳児125、4歳児138、5歳児120。職員数は正規職員 30、非正規職員 10。
E市	幼稚園 Q	大阪府郊外大規模幼稚園。園児数は、2歳児28、3歳児110、4歳児118、5歳児126。職員数は正規職員 19、非正規職員 13。
F市	幼稚園 R	大阪府南部大規模幼稚園。園児数は、2歳児58、3歳児125、4歳児138、5歳児120。職員数は正規職員 22、非正規職員 9。
D市	保育所 S	北摂保育所。園児数は、0歳児12、1歳児31、2歳児31、3歳児33、4歳児33、5歳児33。職員数は正規職員 24、非正規職員 8。
A市	保育所 T	A市南部保育所。園児数は、0歳児11、1歳児19、2歳児23、3歳児31、4歳児29、5歳児30。職員数は正規職員 19、非正規職員 9。
G市	保育所 U	大阪府郊外保育所（分園）。園児数は、0歳児16、1歳児20、2歳児21、3歳児20、4歳児20、5歳児17。職員数は正規職員 19、非正規職員 14。
A市	保育所 V	A市中心部保育所。園児数は、0歳児15、1歳児24、2歳児30、3歳児26、4歳児24、5歳児26。職員数は正規職員 22、非正規職員 4。
A市	保育所 W	A市南部保育所。園児数は、0歳児23、1歳児20、2歳児25、3歳児59、4歳児61、5歳児54。職員数は正規職員 32、非正規職員 12。
A市	保育所 X	A市北部保育所。園児数は、0歳児18、1歳児30、2歳児30、3歳児34、4歳児29、5歳児35。職員数は正規職員 26、非正規職員 19。
A市	保育所 Y	A市南部保育所。園児数は、0歳児7、1歳児12、2歳児18、3歳児21、4歳児20、5歳児25。職員数は正規職員 12、非正規職員 4。

※2015 年 2 月の状況を記している。

3、調査園の概要

① 対象調査園一覧

調査対象の園は上の表 10-1 で示します。なお、園の特徴に関しては 2015 年 2 月の状況を記しています。表内における「大規模幼稚園」とは、各年齢（3〜5 歳）につき 100 名以上在籍の幼稚園を大規模としています。アルファベットは各市、各園のイニシャルではなく、ランダムに割り振った略号としています。なおアルファベット K が欠けているのはその園の調査公表の許諾が得られなかったからです。また認定こども園 H、I、J、L の 4 園の規模については、表 10-2 に示しています。

② 調査園（こども園）の規模

調査対象のこども園の教職員数と在園児数を以下の表 10-2 で示します。従来型の幼稚園・保育所については、表 10-1 に大まかな特徴を挙げていますが、こども園は、子どもは各年齢、長時間・短時間の区分があり、職員も幼稚園・保育所部門というように分かれるために詳細にデータを記しています。B 市こども園 I に関しては、職員の区分が 0〜3 歳児と、4〜5 歳児での区分に

表 10-2　調査園の規模

		A市 こども園 H	B市 こども園 I	C市 こども園 J	A市 こども園 L
教職員数	幼稚園部門	27 (3)	34 (16)	15 (11)	14 (9)
	保育所部門	14 (4)		13 (12)	
在園児数	0歳児		12		
	1歳児		20		
	2歳児　長時間	26	20	27	
	短時間	30			40
	3歳児　長時間		29	12	
	短時間	88		75	49
	4歳児　長時間		34	12	
	短時間	109	32	82	58
	5歳児　長時間		47	12	
	短時間	78	34	78	59

※教職員数の数値は正規職員（非正規職員）として表記している。
※長時間と短時間による園児の区別は園によって異なる。斜線部は受け入れしていない年齢を示す。

なっているため、幼稚園部門にその合計をまとめて記入しています。

4、調査結果

① 調査園の状況とその選択理由

こども園への移行状況について「平成27年4月段階での、貴園のご状況を教えてください。」と17の施設に尋ねました。こども園に移行済みと回答した園が4園、移行を申請及び検討中と回答した園が1園、従来どおりと回答した園が12園でした。

こども園に移行済みと回答した園の選択理由は、「補助金を得て、園舎の建て替えを実施するため（A市　こども園L）」、「巨大な保育園となってしまうことを避けたいという思い（C市　こども園J）」などが挙げられました。

移行を申請及び検討中と回答した園の選択理由は、「国のシステムが遅すぎ、雛形がないため動きが取れなかった（D市　保育所S）」が挙げられました。

＜従来どおり＞と回答した園の選択理由は、「新制度が不透明で未確定なことが多すぎるため（A市　保育所T）」、「保育所の福祉的機能が失われる（A市　保育所V）」、「新制度が不透明で未確定なことが多すぎるため様子をみている。特に経済的にやっていけるのか運営上の不安がある（A市　保育所W）」、「運営費の問題（A市　保育所X）」、「こども園にしてしまうと応諾義務が出てしまう（A市　幼稚園O）」、「運営費などを考慮すると従来通り「幼稚園のまま」の方が、収入が増え経営が楽になる為（D市　幼稚園M）」、「公定価格（案）では収入減となるため（E市　幼稚園Q）」などが挙げられました。

② 現場が求めるこども園拡充に関する施策

現場が求める施策として、「政策的にはこども園の拡充が進められていますが、この方向で特に求める施策をあげてください。」

表10-3 現場が求めるこども園拡充に関する施策

現場が求めるこども園拡充に関する施策	全回答数 17	全体の中での割合 (回答数÷全回答数で小数点2位以下は四捨五入)
a. 事務手続きの簡略化、事務作業への施策	9	52.9%
b. 事務専門職ならびに余剰人員を配置するための施策	8	47.0%
c. 現行の補助金(私学助成など)との差額を埋めるための施策	8	47.0%
d. 整備費(給食設備、沐浴設備など)への施策	5	29.4%
e. 教職員の研修機会の拡大への施策	5	29.4%
f. 幼稚園教諭免許および保育士資格のいずれか一方のみの所有者のための特例の緩和施策	2	11.8%
g. 保育者確保のための施策	13	76.5%
h. 発達障がいをもつ子どもへの包括的な施策	11	64.7%
i. 教職員の勤務体制整備や待遇改善のための施策	10	58.8%
j. 現状の幼稚園、保育所、認定こども園が並存できるような施策	3	17.7%

を以下11項目についてそれぞれの必要性について尋ねました。11項目の内訳は、上記の表10-3のa~jですが、事務仕事、補助金、研修、免許・資格、保育者確保、発達支援、待遇・勤務体制に関わるものとなっています。また最後のjでは、すべての施設をこども園に一本化するのでない現状肯定の声があるのかどうかを聞くものです。結果は以下の、表10-3および、各項目(1)～(11)に示す通りです。

(1) 事務手続きの簡略化、事務作業への施策の必要性について

この項目に関して、必要と回答した園が9園、わからないと回答した園が1園でした。

主なコメントは、「同じような書類を毎週出している。(C市 こども園J)」、「役所がやることはともかく手続きが多い。(D市 保育所S)」、「移行することから変化に対応した事務量が増えると負担増になる。(A市 保育所W)」、「どれだけ複雑になるのか、本来の子どもに向かう時間を確保したい。(A市 保育所Y)」などが挙げられました。

(2) 事務専門職ならびに余剰人員を配置するための施策の必要性について

この項目に関して、必要と回答した園が8園、わからないと回答した園が1園でした。

主なコメントは、「優秀な事務職員を雇えるだけの補助金はありがたい。(D市 保育所S)」、「20対1や30対1の割合では、保

育士が不足する。また保育が薄くなってしまう。（A市　保育所T）」、「1歳の6対1は厳しい。2歳の6対1も実際は厳しい。3歳の15対1はよかった。4歳・5歳の30対1も厳しい。家庭の養育困難がますます増加している。保護者対応に追われている実態がある。（A市　保育所W）」などが挙げられました。

（3）現行の補助金（私学助成など）との差額を埋めるための施策の必要性について

この項目に関して、必要と回答した園が8園、わからないと回答した園が1園でした。

主なコメントは、「人数により単価を決めるのは困る。今まで通りなら問題ない。（A市　こども園H）」、「運営費がしっかりと保障されればいつでも行う準備は整っている。（D市　幼稚園M）」、「私学助成も維持してほしい。（A市　幼稚園P）」、「公定価格の見直してほしい。E市は待機児童がいないので、その場合は意味が違ってくる。（E市　幼稚園Q）」「障がい児の補助金枠は計算通りにならない。（A市　保育所V）」などが挙げられました。

（4）整備費（給食設備、沐浴設備など）への施策の必要性について

この項目に関して、必要と回答した園が5園、わからないと回答した園が0園でした。

主なコメントは、「0、1歳の受け入れは考えていない。給食設備はすでにある。保護者は乳児の希望や2号への希望は薄い。常に保護者幼稚園アンケート満足度90%以上である。（E市　幼稚園Q）」などが挙げられました。

（5）教職員の研修機会の拡大への施策の必要性について

この項目に関して、必要と回答した園が5園、わからないと回答した園が1園でした。

主なコメントは、「現在の配置基準では研修に人が出しにくい。（G市　保育所U）」、「保育士が勉強するには残務処理時間の確保や書類整理の時間が必要である。研修は必要であるが、今も夜残ってしかできない実態がある。キャリアがない職員は夜遅くなると疲労が蓄積する。人の配置が必要である。（A市　保育所W）」などが挙げられました。

（6）幼稚園教諭免許および保育士資格のいずれか一方のみの所有者のための特例の緩和施策の必要性について

この項目に関して、必要と回答した園が2園、わからないと回答した園が1園でした。

主なコメントは、「現行の仕組みでも十分と思われる。各自が学ぶべきものであり、講習費用も自分で支払うべきものである。（E市　幼稚園Q）」、「特例ではなく、具体的な費用の補助（制度的に一律に）を作ってほしい。短期なのか年間なのか、まだまったくうまく決まっていない。通信での講座は、負担は減るが結構高額になる。費用は個人負担というのは問題。（A市　保育所V）」などが挙げられました。

（7）保育者確保のための施策の必要性について

この項目に関して、必要と回答した園が13園でした。

主なコメントは、「行政が職員募集のフェスタをもっとやるべき、専門職なのでせめ

て一般企業並みの処遇改善が必要。(A市 こども園H)」、「朝夕の非常勤の保育士の方の確保が大変である。ハローワークにも出さないといけない状況。(B市 こども園I)」、「子育て中の方に働いてもらうと、その方も預け先が必要でなかなか良い時間に働いてもらうことは難しい。手薄になる時間は決まってくる。母であり、保育者である方をどのようのフォローしていくのかは重要。(C市 こども園J)」、「子どもの受け入れを増やせば増やすほど人を雇わないといけない。またそれぞれの働き方が違うので、園が望んでいる働き方をしてくれる人材確保は難しい。上手く「つぎはぎ」をしながらやっていくしか方法がないのが現状。(D市 幼稚園M)」、「潜在保育士の獲得に対しての行政の施策がおかしい。(A市 保育所T)」、「質のよい保育者を育てないといけない。数の問題ではない。ミスマッチなのか、保育士の適性なのか、見極めてうまく充足できればと思うが。入ってやめられると子どもが一番迷惑する。乳児にとっては急に人が変わるのは大きなダメージなのではないか。(A市 保育所V)」「人の配置や数だけではない。(A市 保育所W)」などが挙げられました。

(8) 発達障がいをもつ子どもへの包括的な施策の必要性について

　この項目に関して、必要と回答した園が11園でした。

　主なコメントは、「特別支援教育に関する免許の扱いはどうなるのかが不透明。(A市 こども園L)」、「診断書をもっている子どもも入れているが、手がかかるわけではないと思っている。私達は、小学校との接続ではなく、中高以降の特別支援教育を見据えて、小学校、幼稚園教育を考えている。10年後の子どもたちのために今施策は必要である。(C市 幼稚園N)」、「発達障がいの子どもの親のフォロー。保育所の中で気がついたことをどう保護者に伝えていくかのフォロー。年齢別の配置や数対応ではない配置。役所は計算としてはもってくるが、現実にどう配置するかが問題。(A市 保育所V)」、「乳児3：保育士1という現行の状況では大変である。乳児期に今手をかければ育つとわかっているだけにできない実情がある。(A市 保育所Y)」などが挙げられました。

(9) 教職員の勤務体制整備や待遇改善のための施策の必要性について

　この項目に関して、必要と回答した園が10園でした。主なコメントは、「12時間の保育をやっていると、早朝夜はパートになりがちだが、本園は逆にしている。保護者対応もある。早朝・夜をおまけでなく、子どもが少なくなってきた時の毎日、異年齢保育への補助が重要である。(A市 保育所V)」、「有給が取りにくい。(G市 保育所U)」、「子どもにかかわる時間が保育士と幼稚園教員で異なるので体制整備の施策を導入すべき。(A市 こども園H)」などが挙げられました。

(10) 現状の幼稚園、保育所、こども園が並存できるような施策の必要性について

　この項目に関して、必要と回答した園が3園でした。

　主なコメントは、「どこも今、様子見であ

る。平成 27 年度新制度が進まなければ、国も考えるだろうが。(D 市　保育所 S)」、「保護者のニーズに合わせたものが現在のシステムである。現状がすでに並存ではないのか。(E 市　幼稚園 Q)」などが挙げられました。

(11) その他の施策の提案

この項目に関しての主なコメントは、「保護者のための施策を充実してほしい。(B 市こども園 I)」、「職員が『つぎはぎ』で働くことにより、保育・教育の質が落ちてしまうのではないかという懸念はある。特に保育園に携わる職員と幼稚園に携わる職員との間で溝が生じてしまう。幼稚園職員は夏休みがあることが挙げられたり、また反対に保育所職員は残業無く 8 時間きっちりで帰宅することが挙げられたり、働き方への不満はなかなか埋まらない。幼稚園としてはやはり子どもを中心とした「教育」を重視している。ただしこども園になると 11 時間子どもを預かるという「子育て支援」の様相が色濃く出る。お金に釣られて教育を蔑ろにしたり、保育内容を軽んじたりする方向にだけはならないでいたい。(D 市　幼稚園 M)」、「A 市が決める保育料の決め方はどうかと思う。施設が違っても同じ補助を目指すべき。また、幼稚園の場合値上げになる場合があるので対処を必要としている。保育料の問題を政治的に使わないように望む。(A 市　こども園 H)」、「行政にとってやりやすい制度になっている。新制度の制度設計では賛成できず、また現行の保育所の制度を引き継いでいるだけなので、こども園のよさを打ち出す新制度や制度設計が必要。保育料に関しても幼稚園のような直接契約で設定するのか、保育所のように収入で設定するのか不透明。(A 市　こども園 L)」、「『補助金をいくらもらえるか』の話は出るが、『何ができるか』という話は幼稚園の園長会でも出てこない。高いお金を出しても来たいという私学、よいものを提示するプロでありたい。そうでなければ建学の精神などは関係なくなってしまう。幼稚園などはもともと儲けの少ない業種。これをこれまでやってきた矜持を行政はどう見積もってくれるのか。(C 市　幼稚園 N)」、「政府の方針の一本化があればよいのにと思う。選択肢がありすぎてわからないよりは一本化してほしい。(A 市　幼稚園 O)」、「国（政府）は地方の実情をもっと調査したうえで各市町村の行政に委任すべきではないか。私立幼稚園への配慮が感じられない。国基準のほうが私立幼稚園にはありがたい。地方による実態をどのように考えるのか。(E 市　幼稚園 Q)」、「地域性を重視してほしい。開園時間や場所の指定が多い。子どもの保障が潰されてしまう。保育が薄くなってしまう。(A 市　保育所 T)」、「一律にこども園ではなく、幼・保にとどまる選択できることはよかったと思う。保育士は奉仕の気持ちでやっている。給与、労働時間、人材の配置、全てにおいて、子どものためと考えるから頑張っている。(A 市　保育所 W)」、「3 歳は 15:1 に処遇改善されたがまだまだである[16]。運営費の問題や給与が上がるなど社会的に保育の仕事が評価されることが大切である。(A 市　保育所 Y)」などが挙げられました。

---

[16] 現状基準では 3 歳児は 20:1 であるが、15:1 である施設は配置改善加算対象となり、公定価格が上乗せされる。

③ 現場が求める保育内容上の提言

現場が求めている保育内容上のコメントを「こども園の拡充に際して、子どもにとってより有益な保育内容上でのご提言がございましたら、お聞かせください。」と尋ねた。主なコメントは以下の表10-4に示す通りです。なお表中の太字は論者による強調であり、また読みやすさを重視して一部文言を変えています。

表10-4 現場が求める保育内容上の提言

各園によるコメント
0.1.2歳の教育の充実が大事。（A市　こども園H）
元々の職員のそれぞれの考え方ではなく、こども園ならではの混在状況で、子どもが自分たちにあった形で居場所を見つけることができる。新制度を作ったから終わりではなく、研究を進めて、研修として現場におろしていってほしい。**長時間児の夕方の過ごし方について**の研究、提言などがあればよい。園の中にずっといるだけではなく、もっと多様な過ごし方ができるように人員がほしい。（B市　こども園I）
保護者に園に来てもらう機会は、1号認定だろうと2号認定であろうと変えていない。毎学期のクラス懇談会や個人懇談には絶対に来てください、ということで保育園でも行っている。仕事をしているから、という言い訳ではなく、園にきてもらう機会を手紙でも同様に伝え、保護者には意識をもって参画してもらうという方針は貫いている。それは園選びの時点でしっかりと説明している。平成28年度からは、幼稚園部の長時間利用の子どもたちには週1回のお弁当を義務化する方向で考えている。少しでも幼稚園としての思い（家庭教育の重要性）を教育に反映させたいという意図をもっている。（C市　こども園J）
保育士や幼稚園教諭という差を作りたくない。3～5歳の保育の基本は同じでそれ以外は変わらない。むしろ**0～2歳の保育と3～5歳の保育をどう連携**させていくかが課題となる。今後は縦割りクラス編成を導入する予定。これは生活を縦割りにし、保育を横のように従来のクラス編成をする案である。（A市　こども園L）
幼稚園の多くが大切にしている「子どもが中心」という考えは、こども園になろうとも大切にしてほしい。長時間預かることや、休日・長期休業中の預かりのこと、またその人数が多ければ補助金がプラスされるのではなく、保育内容をしっかりしているという**保育の質の部分での補助金の拡大が必要なのではないだろうか**。保護者の利便性だけ考えた施策では、教育を大切にしている幼稚園にとっては、なかなか移行が進まないのは当然だと考える。土曜日の預かり保育などを行うことなど、**保護者のニーズばかりに応えるのではサービス業化してしまう**。預かる時間や曜日で無く、**本当の意味での母親の就労支援を考えるべき**。**土曜日まで子どものいる母親を働かせる会社がもし存在するなら、その会社が悪いのでないか**。子どもをただ預けるだけの受け皿機関を確保するよりも、日本という国が子育てをする家庭への社会への発信と働きかけをもっと行うべき。国として子どもの将来をもっと考えなくてはいけない。幼稚園ばかりが奮闘したり抱え込んだりする問題ではないはず。（D市　幼稚園M）
幼稚園教諭は、4時間の教育のプロ。長時間の認定こども園にそのまま適応できるようなものではない。現場は職人の集まり。事務は別の仕事。長はその間と保護者の間をつなぎ、何をやっているかを説明していく必要がある。現在は担任およびフリーの先生の21人全体で340人の子どもを見ている。**職員は皆、子どものパーソナルな情報を知っている。こういうことが長時間保育のようなパートシフトでできないだろう**。（C市　幼稚園N）

教育は保育所でもできるはず。（A市　幼稚園O）
本園が中心になっている研究会（全国組織で保育所・こども園も加盟）としては、0～6歳の教育を対象に研究をやっている。そこで**0～2歳の統一カリキュラムをつくっている**。これまでのよい事例を集めて、ケーススタディをまとめている。コアな日課活動を中心にした、枝葉のある活動を打ち出している。（A市　幼稚園P）
保育内容、教育課程の改善と改革が必要。（F市　幼稚園R）
一体化は、保育園からすると幼稚園化、幼稚園からすると保育園化の施策。民間保育所は公立に比べると教育的。認定こども園になると保育所より教育面で打ち出せるのでよい。（D市　保育所S）
保育の質の向上を求める。（A市　保育所T）
保育の質は変わらないが**長時間をどう考えるかが課題**。（G市　保育所U）
幼保連携型こども園教育・保育要領も具体的ではない。同こども園の要領では、小学校との接続を考えて、教育面だけが強調されすぎている。**日常の生活の中での学びが重要である**。例えば、国旗に親しむといっても地域の実情に合わせて指導していくのが本当の教育。文言だけ入れても現場は混乱する。**待機児童、少子化が誇張されすぎである**。競争上手な園が生き残るような形ではなく、子ども主体で穏やかに普通に過ごせる園が必要。サービス過剰では、親も子どもも育たない。手間を省いてはいけないということを保護者に伝えている。（A市　保育所V）
質は本当に上がるのか不透明である。保育士がもっと学べ、質向上が可能となる**機会が必要**である。残務や養育困難家庭の保護者対応に追われる毎日である。（A市　保育所W）
子どもの生活が親の状況によって変化する形態（仕事をやめれば『保育に欠ける』という事由で保育に欠けるということで保育園に入れなくなる）が変わることはない。それぞれの価値を受け入れられること（在園時間が多様）、**多様性の中で育ちを受け入れることが大事**。（A市　保育所X）
保護者の就労状況によって子どもが幼稚園に転園したりしなくて済むことはよい。子どもの環境を変えなくてもよいというメリットがある。保育内容は、本園では変わらない。むしろ、認定こども園になっても、各園の理念や方針によって保育内容はかわるのではないか。**幼稚園・保育園・こども園が共に学びあう必要がある**。（A市　保育所Y）

④　子ども子育て支援新制度について

新制度についての現場の声として、「今春（2015年）スタートする新制度について現場の声をお聞かせください」を以下4項目について、プラス評価できるかどうか尋ねました。4項目の内訳は、「施設型給付に対して」「幼保連携型認定こども園の拡充」「利用者負担の変更」「実施主体が市町村に移管」のそれぞれである。結果は以下の表10-5および、各項目（1）～（4）に示す通りです。

表 10-5　子ども子育て支援新制度について

子ども子育て支援新制度についてについての肯定的な評価	全回答数 17※	全体の中での割合
a. 施設型給付を肯定的に評価する	4	23.5%
b. 幼保連携型認定こども園の拡充を肯定的に評価する	5	29.4%
c. 利用者負担の変更を肯定的に評価する	3	17.7%
d. 実施主体の市町村への移管を肯定的に評価する	4	23.5%

※この 17 回答がすべての項目に答えている訳ではない。

（1）施設型給付に対して

　この項目に関して、プラス評価できると回答した園が 4 園、わからないと回答した園が 6 園、評価できないと回答した園が 4 園でした。

　主なコメントは、「決まっていないことが多すぎる。上乗せ徴収のことも保育料のことも未確定なことが多すぎてコメントできない。保護者にも確定した内容を話すことが出来ずにいる。軌道に乗るまでは全く見えない。(C 市　こども園 J)」、「幼保の壁が無くなり、子ども一人ひとりが同じ補助を受けられるのは良いことだと思う。(D 市　幼稚園 M)」、「新制度幼稚園と従来幼稚園の違いは補助金だけで、後は各自で選べというのは無責任ではないか。名前はそのままで新制度に移行しても、保護者は混乱するだけである。(A 市　幼稚園 O)」、「地域格差が大。大規模園にマイナス。(F 市　幼稚園 R)」、「制度に入らない企業、乳児保育所などが一般財源になるのではという話を聞いた。むしろ、施設型給付に入るのはプラス評価と言えるのではないか。(A 市　保育所 Y)」などが挙げられました。

（2）こども園の拡充に対して

　この項目に関して、プラス評価できると回答した園が 5 園、わからないと回答した園が 7 園、評価できないと回答した園が 1 園でした。

　主なコメントは、「現行制度では評価できない。制度設計の見直しが必要。(A 市　こども園 L)」、「いずれはそうなっていくのかなと思っている。幼稚園も保育所機能をもち、逆もそうだろう。ということならば、政治的に仕組みを決めてほしい。(A 市　幼稚園 O)」、「機児童がいる地域では必要な施設である。地方では必要と考える。国ではなく、市町村の技量がいるのではないか。(E 市　幼稚園 Q)」、「子どもの育ち（乳児）を幼稚園では保障できるのか。幼稚園の姿しか見ていないのではないか。(A 市　保育所 T)」、「評価できる点として市の待機児童が解消されることではあるが、今後少子化が進むことが予想されているにもかかわらず、目先の待機児童解消のための施策に過ぎない。(G 市　保育所 U)」、「長い目で見れば評価できるが、地域の実情はバラバラである。(A 市　保育所 V)」、「先を考えるときには、これだけ乱立していくと、縮小や廃園するところが出てくるのではないか。小規模になるのはよいが、特色が出しにくいのではないか。特に乳児保育はどうなっていくのか心配である。実際には、やって

みないとわからないことがある。(A市　保育所Y)」などが挙げられました。

（3）利用者負担の変更（利用者の所得階層区分など）に対して

　この項目に関して、プラス評価できると回答した園が3園、わからないと回答した園が7園、評価できないと回答した園が4園でした。

　主なコメントは、「補助の額がいっしょだったとするならば、現行は差額の精算になるが、新制度は予め額が決まるのでその方が良いのではないか。(A市　幼稚園O)」、「不透明すぎる。何とも言えない。(A市　保育所T)」、「B市の場合は、こども園も保育所も同じにしようとしている。負担は高い方に合わせるという方針でよいのか。新制度に乗る幼稚園と乗らない幼稚園の違いなど、混乱を生む。また、新制度の中だけの平等でよいのか。既存制度との統合がまだ図られていないなど問題は多い。(A市　保育所V)」、「幼稚園は就園奨励金3000円となり、低所得者には減額となった。(A市　保育所X)」、「ちゃんと説明してほしい、特に親への対応が出来るように保育料の内訳を明示してほしい。(A市　こども園II)」などが挙げられました。

（4）実施主体が市町村に移管することに対して

　この項目に関して、プラス評価できると回答した園が4園、わからないと回答した園が6園、評価できないと回答した園が3園でした。

　主なコメントは、「細かい配慮が可能となる点は評価できるが、広域を対象にすることが難しくなる。(A市　こども園H)」、「市の財務状態で対応が違ってくるのは良くないが、身近な市とのやり取りが増えることで、よりお互いのことが分かり良い関係作りができる可能性がある。府よりも身近に市と連携できるのは良い。機動力や地域の情報なども市の方が実情に詳しいやり取りが出来る。(D市　幼稚園M)」、「府の時は4年に一回で緩かったのに対し、市は年に一回でかなり細かい重箱の隅をついてくる。正直、誠実にやっている園からすると面倒なことが多い。隣の市は公立の民営化推進、別の市は民営化が全く行われていない。自治体によってバラバラでよいのか。民営化することで建て替えの補助金なども変わってくる。(D市　保育所S)」、「怖いと思う。お金や経済が中心になることから、市町村によって変わることは日本の子どもの最善の利益が守れないのではないのか。都道府県の方が押さえがきくのではないのか。市町村に子どもを理解する人材はいるのかと不安である。(A市　保育所W)」などが挙げられました。

⑤　第三者評価などの評価システムについての意見

　幼稚園・保育所・認定こども園の評価システムについて、「幼稚園・保育所・こども園の評価システムに関してお聞きします。第三者評価および内部評価についての問題点および改善要望についてご自由にお答えください。」と尋ねました。

　主なコメントは、「毎年地域の方や保護者の方に意見を頂きながら実施している。認定こども園であろうとも、変わりなく地域の方とそういった第三者の目を大切に進め

ていくことが重要と考える。特に現行制度に不満はない。（C市　こども園 J）」、「学校評価システムそのものが形骸化している。子どもが評価する訳ではない故に、正当に内容とリンクしているとは言いがたいのが現状ではないかと考える。（D市　幼稚園 M）」、「評価はきちんとしていないので補助金が削られている。事務上では大変だが、やらざるを得ない時代。しかし、評価のための評価になっている。実質的にPDCAのサイクルをきちんと考えてやっていくべきである。(A市　幼稚園 O)」、「労多くして、実は少ないのではないか。ISO認証などもそう。表面的なフォーマットをなぞればよいという風潮も疑問。多くの園は事務センターなどに委託しているのも問題。（A市　幼稚園 P）」、「役所から第三者委員をつくれと、散々言われている。無償でそんなことをしてくれる人がいるのか。ただ居てくれればありがたいという感じはある。クレームつけ放題で、サービス業になっている保育業界を客観的に見守ってくれている人がいるのは有難い。（D市　保育所 S）」、「第三者評価については限界があると思います。書類重視で本来の保育内容等については評価されにくい。地域によって評価項目の捉え方が違っていることがおかしいと思います。（G市　保育所 U）」などが挙げられました。

⑥　その他

これまでの項目にかかわらず、現場からの自由意見としてコメントを頂きました。主なコメントは以下の表10-6に示す通りです。なお表中の太字は論者による強調であり、また読みやすさを重視して一部文言を変えています。

5、考察

①　調査園の状況とその選択理由

回答してもらった新制度開始時の状況は2015年2月時の調査時の状況通りの結果となっています。つまりこども園に移行している4園は、2014年度以前にすでに移行している園であり、それ以外の幼稚園・保育所は13園とも2015年4月には移行しないということです。このデータは本調査に協力してもらった園の状況であり、大阪府ないしは日本全国の移行状況を示すものではありません。大阪府では、2014年4月1日では51園しかなかったこども園（幼保連携型、幼稚園型、保育所型の全てを含む）が、2017年4月1日には287園にまで増加しています。参考までに述べますと2018年4月時点では573園にまで増えています。

さて、すでに＜認定こども園に移行済み＞と回答した園の選択理由を見ると、現場の方々のもつ保育上の理念からその選択をしたわけではなく、現行の制度改革の中でベターなものを求めるためにそうしたことがわかります。例えば、「補助金を得て、園舎の建て替えを実施するため。本園のある区ではどこもなかったので立候補した」、「巨大な保育園となってしまうことを避けたい」、「幼稚園連盟の役員という立場にあるから」といった言葉から、やむを得なく時代の中で移行を選択したとも言えるでしょう。もちろん、大阪府で2014年度から2015年度にかけて236園増加していることを鑑みると、ここで見られることがすべてではないでしょうが、このような声があ

表 10-6 その他のコメント

各園によるコメント
この新制度に関してもコロコロと内容が変わるので、非常に分からない面が多い。情報は入るが、昨日のことが今日には変わっていたりすることもある。ただし、国・府・市・そして現場、という中で精査され議論されていく中で、道を外さないように進んでいくしかない。(C市　こども園 J)
通う子どもたちの内定が遅すぎる。10月に申しこみ、2月に内定では新規採用の保育者の確保という観点からも遅すぎる。子どもの振り分けの仕組みがおかしい。第一希望を重視するのか（個別）、家庭のポイントを重視するのか（受け入れ先全体）、どちらがふさわしいのか。 市や区の動きが遅い。現行の保育所の市が振り分ける制度ではなく、幼稚園のような自由に保護者が選択する制度を取り入れた方が良い。(A市　こども園 L)
保育所運営に関して、「市」からの情報開示が遅い。幼稚園では来年度の入園児は10月には分かるが、「市」を通すと2月中旬でも分からないという返事。これだと幼稚園のやり方では準備ができない。(D市　幼稚園 M)
現場は苦労している。子どものためにより良い制度に変わってほしい。現行では親の利便性を重視している。(A市　保育所 T)
意見を二点述べると、次のようになる。 1、乳児保育の必要性がある。 家庭の多様化が進み、子どもへの関わりや育ちの保障は様々である。要支援家庭が多く乳児の育ちが心配である。保育時間の長さは、乳児の気持ちの負担がある。乳児の育ちは子どもを中心にでなければいけない。もっと乳児保育を手厚くするべきである。 2、子育て支援になるのか。 子育て支援は広く浅くなっている。しんどい家庭への支援は今までよりも手薄になっているのではないか。疲労がたまる保護者に「お茶を飲んでから迎えにおいで」と言える保育士の思いや融通は結果的に運営を圧迫する。今は職員の皆が子ども中心で考えておりよいが、奉仕では続かない。人の思いで支えられている子育て支援は今後やっていけるのか。書類では図れない事務職の負担やケアはどのようになっていくのか。特に障がいを持った子どもの支援は、今では2号扱いでいけた。今後は働いていないと1号という短時間児になる。家族の負担はどうなるのか。1号の預かりでは園運営も難しく、家族の負担も増加するばかりである。(A市　保育所 W)
少子化、待機児童の為で始まったが、良い方に向かっている感じがある。保育園の努力も必要でそのための時間をどう確保するか。(A市　保育所 X)
市は、国の出してきた案以上のことができない。市としての方針が全く見えない。福祉が見えなくなり、なくなってきている。福祉としての必要性が見えなくなり、地域福祉としてやってきたことが活かされていない。子ども会議のあり方は、現場の意見が全く反映されない状況だった。お金のことばかりであった。もちろんできないことはある。しかし、できなくても「本来はこうあるべきであり、現状はこのようである。」というような話であってほしかった。(A市　保育所 Y)

ることは把握しておいた方がよいでしょう。

また＜移行を申請及び検討中＞とした1回答は、保育所によるものですが、現行の保育園よりこども園の方が、自由度が高いため、保護者対応などもし易い（「もしこちらがだめなら、他所にいってください」と言いやすい）という声も含まれています。この辺りは保育所現場の実感に基づくものなのでしょう。

＜従来どおり＞の理由で目立つのは、新制度の不透明さです。また大規模幼稚園では、新制度に移行することで補助金が減ってしまい、経営が成り立たないという意見も聞かれました。また認定こども園になることで、次のように幼稚園からは幼稚園教育のよさが、保育所からは福祉的機能が失われるという声もあります。

こども園に求められている応諾義務に従うと、これまでそれぞれの園が培ってきた教育が違ったものになるという声も、幼稚園には多いと言えます。定員割れの場合、どんな子どもでも引き受けなければならないことは、入園テストなどの独自選考を重視しているという幼稚園にとっては勝手が違うと言えるのです。より選ばれる幼稚園として存在感を高めるためこども園には将来もなることはない、という声を聞き取りでは聞いています。理念面では、幼稚園教諭は、朝から昼過ぎまでの4時間の教育のプロだと言われる園もありました。保育所保育はあるが、幼保一体化の教育というのはまだ存在していないので、このままだと幼稚園が消滅する、という教育面を懸念する意見もあります。

保育所からは、新制度での1号児（従来の幼稚園児）を入れると、保育所の福祉的機能が失われるという声があります。こども園という形で、従来の保育所に従来の幼稚園児を入れるならば、待機児1～2歳を受け入れる機能も場所も失われるというのです。保護者の育児休暇が終わった後、どこにも入れない1歳を受け入れる必要があるのではという問題提起もありました。また、もともと、幼稚園と保育所が十分に存在していない僻地での施策である一体化を都市部に適用するのは矛盾であるという意見もありました。都市部で園舎を増設しろと言われても、場所もないことは明白です。大阪の現状にまったく合っていないという意見がありました。現行の3歳児受け入れを満たすと補助が出るが、人の補助は出ても場所がないという意見や、移築や土地の確保などを考えると、そんなことができるはずはないという厳しい声もあります。こうした地域による実情の異なりをいかに解消していくのか、議論していく必要があるでしょう。

② 現場が求めるこども園拡充に関する施策

「保育者確保」および「発達障がい児への施策」という今回の新制度には直接関わらない項目を除くと、「事務手続き」、「人員」、「補助金の差額」、「勤務体制・待遇改善」といった項目が高く求められています。

「事務手続き」では、同じような書類を毎週出している、という声がありました。「人員」では、申請の数字以上の教員配置を、園の自助努力で配置している現状は理解してほしいという声もあります。「補助金の差額」について、ある幼稚園の方は小規模保育園を併設しており、運営費などを考

慮すると従来通り「幼稚園のまま」の方が、収入が増え経営が楽になるので、耐震建て替え（6億程度）の補助金などを考えると心が揺れると率直に言います。また、大規模幼稚園からは、認定こども園になると、私学助成金が得られなくなり、年間1億程度のマイナスになるという声もありました。「勤務体制・待遇改善」に関わるものとして、子どもは変わらないのに職員は8時間労働なので、夕方から教員が減っていく、そういったことを見通しているのかと問いかける方もおられました。また、職員が「つぎはぎ」で働くことにより、保育・教育の質が落ちてしまうのではないかという懸念はあるようです。特に長時間に携わる職員と短時間に携わる職員との間で溝が生じてしまうということも挙げられ、幼稚園職員は夏休みがあるが、また反対に保育所職員は残業無く8時間きっちりで帰宅するなど、双方を見通した時、働き方への違いはなかなか埋まらないようです。

③ 現場が求める保育内容上の提言

この項目については、自由記述で回答を得た上でのインタビューとなっています。各回答者からは、基本的には「新制度になって・・・は変わらない」といったタイプの回答が目立っているのが特徴です。「保育士や幼稚園教諭という差を作りたくない。3～5歳の保育の基本は同じでそれ以外は変わらない。」「幼稚園の多くが大切にしている『子どもが中心』という考えは、こども園になろうとも大切にしてほしい。」「保育内容は、本園では変わらない。」などといった回答がありました。

また、新制度で新たな区分が生まれても、その区分に関わらず、これまで通りにしていきたいという意見もいくつかありました。「保護者に園に来てもらう機会は、1号認定だろうと2号認定であろうと変えていない。」「保育士や幼稚園教諭という差を作りたくない。」「幼稚園の多くが大切にしている「子どもが中心」という考えは、こども園になろうとも大切にしてほしい。」「子どもの生活が親の状況によって変化する形態（仕事をやめれば「保育に欠ける」という事由で保育園に入れなくなる）が変わることはない。」というものです。

つまり、現状のままで保育と保護者対応していきたいというのが多くの回答者の信念と読み取ることができるでしょう。けれども、新制度を迎えるにあたって、新たな課題があるという意見もありました。「長時間児の夕方の過ごし方」、「0～2歳の保育と3～5歳の保育をどう連携させていくか」、「0～2歳の統一カリキュラムをつくっている」、「多様性の中で育ちを受け入れる」などという言葉からは新たな課題の所在とその対応が窺えます。

幼稚園からは「幼稚園教諭は、4時間の教育のプロ」、または「保護者のニーズばかりに応えるのではサービス業化してしまう」といった保育所との違いに注意を促す意見もありました。また保育所からの、「一体化は、保育園からすると幼稚園化、幼稚園からすると保育園化の施策。民間保育所は公立に比べると教育的。こども園になると保育所より教育面で打ち出せるのでよい。」といった声もあります。新制度が進める一体化は、幼稚園、保育所のこれまで培ってきた良さを見失わせるという危惧も持ちながら、しかし、こども園の新たな利点に期待

をかけていることがわかります。

④　子ども子育て支援新制度について

　全体的に、新制度に特徴的な変化を歓迎するのではないというが窺えます。「利用者負担の変更」の土曜日の預かり保育などを行うことなど、保護者のニーズばかりに応えるのではサービス業化してしまいます。預かる時間や曜日で無く、本当の意味での母親の就労支援を考えるべきだという意見もありました。サービスなのか、支援なのか、その狭間で苦悩する現場の生の声は貴重な声です。ある園の方は、幼稚園ばかりが奮闘したり抱え込んだりする問題ではないはずだと言われました。「実施主体が市町村に移管」を評価する声が少ないように、新制度で基礎自治体に管轄が移管されることは面倒なことが多いとも言えます。政府の方針の一本化があればよい、選択肢がありすぎてわからないよりは一本化してほしいという率直な意見もあります。新制度については、市町村移管による地域密着の機動力は期待できますが、やはり国としての具体的方向性が示されるべきなのかもしれません。

⑤　第三者評価などの評価システムについて

　評価システムについては、辛辣なものでは、学校評価システムそのものが形骸化しているのではないかというような意見も見られました。子どもが評価する訳ではない故に、正当に内容とリンクしているとは言いがたいのが現状ではないかという意見もありました。また逆に評価をしっかりできる園なのかどうかは重要で、具体的な課題設定、他園との比較をしっかりすることが大事という意見もありました。

〈付記〉

　本章で取り扱っている調査は、その時期の新制度に向けての意識調査が契機になって弘田が主担となりまとめたものです。

（文責　弘田陽介、東城大輔）

第IV部

保育の再構築のための提言

終章　こども園の実践が生み出すもの

1、本書が提起すること

　これまで幼児教育・保育の再構築という視点から述べてきました。第Ⅰ部においては、その必要性と課題について言及しました。歴史を辿れば、保育所と幼稚園という同じ保育に従事する立場でありながら、その歩みは違ってきました。福祉を原点とする保育所、教育機関としてはじまった幼稚園、その長い歴史において、正に今が併存を試みよう、歩みを共にしようという転換期だと言えます。それ故現実的には、解釈の乖離や運営の困難さ、その現場で働く保育者の苦悩などさまざまな課題に直面しているのです。

　第Ⅱ部では、その課題を克服すべく、保育所と幼稚園の積極面を共に活かしあう視点を探っています。保育と教育を切り離して考えるのではなく、そこに重なりを見つけ、また積極面を探すことにこそ、これからの保育・教育の道筋が見えると言えるのではないかという一つの解決を見出そうとしています。確かに制度面では一緒にはなり得にくい困難さを抱えています。しかしながら、保育内容においてはその融合の可能性があるとも言えます。本書で取り上げた活動を軸に据えて保育を分類する捉え方も、教育か、保育か、という単純対立ではない、子どもの視座に立った見直しが図れる契機となることは間違いないと言えます。また乳児における情動交流から活動の育ちを見る視点も大切にしたいものです。とりわけ乳児については、保育所保育指針改定においても、乳児・1歳以上3歳未満児の保育に関する記載の充実が図られ、今後ますます重要視されていくことが示されています。指針には、とりわけ乳児期について、保護者や保育士など特定の大人との間で愛着関係が形成され、食事や睡眠などの生活リズムも形成されていく時期、そして周囲の人や物、自然など様々な環境との関わりの中で、自己という感覚や、自我を育てていく時期だからこそ、基本的信頼感の形成が重要とする立場が示されています。また、生活や遊びの様々な場面で、主体的に周囲の人や物に興味を持ち、直接関わっていこうとする姿を「学びの芽生え」と捉え、生涯の学びの出発点にも結びつくという考え方が示されている点も注目できます。乳児期の保育が注目されるのは、子どもの育ちをめぐる社会情勢の変化だけではないのでしょう。やはりそこには、乳児期にこそ大切にされるべき教育の必要性と重要性が存在していると言えます。

　第Ⅲ部では、実際の現場でのアイディアを垣間見ることが出来ます。ゆうゆうのもり幼保園におけるコアタイムの位置づけ（光の時間）と、教育標準時間以外の保育（風の時間）を重視する姿勢は、職員の勤務体制だけで解決できるものではない難しさを孕みながらも、十分に積極性を活かす可能性を示唆しているでしょう。同様に、大阪狭山市のあそびを中心とした教育的活動を位置づけることにより幼稚園の積極面

を反映させようとしていることが分かります。豊中市の事例においては、保育の質を高めていく為の研修制度や、園長レベルでの転任などは積極的教育の役割と言えるでしょう。新制度施行前の現場におけるアンケート調査からわかるリアルな現場の思いは、行政と保育実践をつなぐ積極性を見出す糸口が見出せる可能性を示唆しているものであり、そういう意味では、大変重要な議論の材料となり得るでしょう。

2、保育の質を確かにする機会に

　幼保一体化の課題は、以上見てきたように問題が解決したわけではありません。現在の状況は、共用化の実施ということになります。しかし、実践上は一歩前に進むことは一体化に進むことも可能であり、保育現場では差し迫った課題となっていることも少なくないと言える現状があります。

　他方、幼稚園義務化の議論にあるように文字通り幼児の学校として位置づけようという議論もあるのも事実です。その場合には、共用化を超えて幼稚園・教育での一元化という議論もあり得るでしょう。

3、幼保一体化の議論はこれから－出発した園と出発していない園－

　こども園は難産の末発足し、現在4000件超えとなり、幼児教育の施設として主流とはいえないまでも確固とした流れを作りつつあるといえます。勿論、いろいろな事情から踏み切れないところもあれば、自治体全体がこども園として機能し始めているところもあります。

　そこでは、どのような躊躇があり、どのような希望があるのか、そもそもこども園はどのようなものであるのかを考えるべく2015年度総合保育研究所はシンポジウムを開催しました。というのは、研究所はそのシンポジウムに至るまでに3年ほどさまざまな角度から検討してきました。政権交代に伴う変化もありましたが保育現場での一体化の取り組みを検討してきています。その検討する課題として行政上のいろいろな課題があり、主に保育・教育の質の確保のために保育内容はどうあるべきかをあえて検討してきました。その集約的な検討がこのシンポジウムであったと言えるでしょう。

　このような経過を考えるとこのシンポジウムの内容が今後の保育の議論の出発点となるのではないかと位置づけることも可能であると言えるのではないでしょうか。まして、こども園に踏み切っていない多数の幼稚園・保育所においては、保育内容の質をどのように考えるかは大きな課題です。この意味で、今日的に有効であると考え本書を公刊することにしたのです。

4、幼保一体化をめざす検討は出発点に立った－こども園の課題１－

　こども園を含めた子育て支援新制度が実施されて数年が経過しました。そして幼稚園・保育所・こども園では新しい要領・指針の下で2018年度から本格実施されています。この意味では、幼稚園と保育所の一体化の課題はもう実践的な問題となっているのでこの議論は終わったと思っている人もいるかもしれません。しかし、実際には２つの役割はこども園において「共用化」し

たけれども、一体化の課題はほとんど議論が残ったままであり、個別の幼稚園・保育所・こども園にまかされたと考えることも可能ではないでしょうか。共用化に舵を切った時代だからこそ原点に戻り丁寧な議論が必要であるとも考えられます。世界的にみても、教育と児童福祉という2つの流れを一体化に向けて課題として取り組んでいる国は極めて少ない現状があります。よって世界的に見ても先進的な議論といえるのですが、理念はともかく実践上実現していくにはさまざまな課題を丁寧にクリアする必要があるのは本書で述べてきた通りです。そして、その議論を法制上・実践上整理することが重要になっているといえます。そして、私たちが直面している課題は、結局のところ、幼稚園・保育所の機能・役割が限りなく近づいているように見えても、そこには「壁」があることを認めて整理していくことが必要といえます。

5、歴史の異なる保育文化の出会いの原則―こども園の課題2―

　というのも、こども園では所属の歴史を異にする職員が働くことになります。いろいろなやり方で「ぶつかり合う」ことも少なくないはずです。幼稚園を土台にしたこども園と保育所由来のこども園をはじめ、こども園といっても一様ではありません。細かく言えば、園長はどちら由来なのかによっても園運営は異なるということもあるでしょう。幼稚園由来のこども園で1歳児の保育を見せてもらったことがありますが、実に、子どもへの先生方の関わりが細やかな配慮があったものです。しかしそこには、指導者として子どもの活動を生き生きと導いておられる姿が見られ、幼稚園での乳児保育の展開も多様にあるのかと思ったこともあります。こうした「出会いの状況」が静かに、しかし熱き思いをもって始まっていることは忘れてはいけません。

　では、その出会いはどうあるべきかが課題となってきます。また、「なんとなく各々のやり方」を出発点とすることになりますが、なんとなく「日々のやり方」を放置することは避けたいと思います。その際に大事にすべきことはいくつかあるでしょう。

　第1に、その出会いの原則はお互いに同じように実践してきているけれども、歴史的・社会的に作られてきた保育文化の「壁」があることを認めてその相克を認め、その壁をどう乗り越えるのかという問題意識を持つ必要があります。特に、園におけるリーダーは「壁」をどう乗り越えるかという問題意識を持ちたいものです。特に、保育所・児童福祉の流れと幼稚園・就学前教育の流れの色合いの違いも関係してくるでしょう。それを「幼保の分離の体系」と呼ぶ違いがさまざまな点で生きていることに改めて気がつきます。例えば、Ⅰ-2で宮上先生が提起しているように、教育は学校教育のことであるとの前提を聞いて驚愕された人も少なくないことからも明白でしょう。

　第2に、幼稚園・保育所がお互いをリスペクト（尊敬）することが出発点としなければならないと思われます。幼稚園が良くて保育所は欠陥だらけという前提では出会うことがありません。よって、保育者がどのような由来を持っているかを否定することなく、もうひとつの文化の良いところ・好きなところを見つけることが出発点として

はどうでしょうか。

　第3に、出会いの原則は、言い古されたことですが、「子ども」が基準となって現在と未来を生きる力を育てることが重要ということです。新しい要領・指針が小学校との接続という直接の課題を通して子どもたちの未来を見据えた保育の内容を提起しているように「子どもの未来に必要な生きる力」をどう確保するかが検討されています。その為にも、子どもの「現在」をしっかり押さえて、何が子どものためであるのかを考えてみたいと思います。

　第4に、その克服の方向として、本書は3つの例を示しているので、これを参考にして、「コア」「キー」となるねらいと活動（経験）を整理していただきたいと思います。結局のところ「乳幼児の保育・教育」をどう捉えるのかということに突き当たることも少なくありません。保育は限りなく家庭的保育に近づくべきなのか、それとも、学校に近づくべきなのかという問題や、生活にある保育課題をどうとらえるのか、保育者の役割はどうあるべきなのか、などが挙げられます。これらは保育がどうあるべきか、保育とは何かという問いに帰っていくことになると言えます。

　この意味において、幼稚園教育要領・保育所保育指針・こども園要領に即してⅠ-1で提起していることも参照となるでしょうし、Ⅱ-1の山﨑先生が指摘している基本的な用語の語源は参考になるでしょう。

6、今こそ改めて二つのいいところを見つけよう

　こうした原則を考えつつ、そのためにも、幼稚園の先生は幼稚園のいいところ、保育所の先生は保育所のいいところを明白にすることが必要ではないかと考えます。例えば、保育所入所を地方自治体が担うというのは当然児童福祉・社会福祉の発想があります。しかし、このために、「保育に欠ける子」規定を使っている面もあるのです。保育所は子どもの生活を通して子どもの育ちを育んできた歴史があります。生活と教育を一体のものとしてとらえてきた歴史があるからです。保育所の場合には、子どもの家庭での関わりを保育所でも実現するように配慮している先生でいて、他児とのバランスを力に代えていく力を持っている先生がいました。また、幼稚園では小学校への接続を意識し連携してきた歴史があります。その為に、クラス担任の役割は明確であるといえるのではないかと考えられます。幼稚園がやはり学校だと思われることもあります。保育者が保育の営みにおいて子どもへの励ましを「ある時」「ある場面で」的確に行っている先生と出会ったことがある場面は、それを強く感じさせます。また、子どもの評価も同様に深みを持っていると感じたことがあるのは一度や二度ではありません。

　これらのすぐれた実践は文書・論理になっていない「やり方」「作法」あるいは「匂い」といってもよい幼稚園の持つ積極性が感じると考えられます。また、保育所の流れにいた保育者はそれなりの「やり方」「作法」あるいは「匂い」を持って保育していると感じられるものです。

　本書は渡邉先生が提起しているように遊びを軸にして2つの文化のいいところを生かすという提案（風の保育の提案）は大変

魅力的だと考えられます。よって、その匂いを改めて整理して、幼稚園と保育所の一体的運営に生かすことが必要ではないかと考えているのです。その意味では、こども園では、保育所出身の園長がおり幼稚園出身の園長がいる場合に、両方の保育者の「いい匂い」を言語化する必要があるともいえるのではないでしょうか。

7、終わりに

　ちょうど今、幼稚園教育要領、保育所保育指針、幼保連携型認定こども園教育・保育要領の改訂および改定が行われ、全面実施されました。方向性としては、三者の整合性がより確保されたものとなっていると言えます。教育要領の改訂においては、「環境を通して行う教育」を基本とし、幼児の自発的な活動としての遊びを中心とした生活を通して、一人一人に応じた総合的な指導を行ってきたことは、おおむね理解され浸透してきたとされています。また、言葉による伝え合いや幼稚園教育と小学校教育の円滑な接続などについて充実を図ることもおおむね理解されていると考えられています。一方で、社会状況の変化等による幼児の生活体験の不足等から、基本的な技能等が身に付いていなかったり、幼稚園教育と小学校教育との接続では、子どもや教員の交流は進んできているものの、教育課程の接続が十分であるとはいえない状況であったりするなどの課題もあがっており、また国際的にも忍耐力や自己制御、自尊心といった社会情動的スキルやいわゆる非認知的能力といったものを幼児期に身に付けることの重要性が言われていることを鑑みる

必要性も述べられています。指針の改定の方向性として「保育所保育も幼児教育の重要な一翼を担っていること等を踏まえ、卒園時までに育ってほしい姿を意識した保育内容や保育の計画・評価の在り方等について記載内容を充実」されました。また「主体的な遊びを中心とした教育内容に関して、幼稚園、認定こども園との整合性を引き続き確保」することも述べられています。

　いま、乳幼児教育は大きく動き出そうとしています。もちろん今まで動いていなかったということではありません。社会全体が、この時期の教育は大切だ、という気運をもちながら進み始めようとしていることは大きなチャンスでもあり、大きな転換期とも言えます。そういった意味では、教育・保育現場はその根本的な考え方も含め再構築をしなくてはいけない段階に差し掛かっていると言えるのではないでしょうか。いままで、保育として行ってきたこと、教育として行ってきたこと、制度として本質的な違いはありますし、その言葉の使い方や意味にも隔たりがある事実は変え難いものです。だからこそ英知を結集する機会と言えるはずです。保育と教育という言葉の分かち合いではなく、それらを融合する視点を見出したいものです。その一助となるのが、積極面を見つめることだと考えます。あくまでも子どもの実情や保育の実態に焦点をあて、そこに保育の質を深める糸口を探っていくことが、今後の乳幼児保育・教育の鍵と言えるのではないでしょうか。

（文責　東城大輔・玉置哲淳）

謝　辞

　本著は、大阪総合保育大学創立10周年記念として総合保育研究所と共同開催したシンポジウム（2015年11月14日開催）での問題提起が契機となっております。そこでの渡邉英則先生（ゆうゆうのもり幼保園）を中心にして、保育所の側から宮上吉史先生（認定こども園たかさきこども園）、幼稚園の側から北川定行先生（認定こども園神童幼稚園）の示唆に富んだ話は、研究所プロジェクトにとって大きな方向性を示す光となりました。まだまだ本プロジェクトにとっても、保育・教育業界にとっても、検討しなくてはならない課題は多くあります。しかしながら、このようなこども園の在り方を多方面から研究する機会を頂いたことは、大きな一歩だと感じております。ご登壇頂いた先生方には、この場を借りて感謝申し上げます。また、これまで本プロジェクトを取りまとめ牽引してくださった弘田陽介先生（福山市立大学）、総合保育研究所プロジェクト報告会にご参加頂きコメントを下さった先生方、その他調査やインタビューにお答え頂いたすべての関係者の皆様、誠にありがとうございました。

　なお今回の双書出版にあたり、学校法人城南学園理事長・常務理事、そして大阪総合保育大学名誉学長である前研究所所長、研究所所長である大阪総合保育大学大学院研究科長からの多大なるご支援をいただきましたこと、深く感謝申し上げます。

　最後になりましたが、本著出版にあたり、ふくろう出版　友野印刷株式会社　学術図書事業部　亀山裕幸氏ならびに編集部のみなさまには大変お世話になりました。ここに感謝お礼申し上げます。

2018年8月
大阪総合保育大学総合保育研究所　幼保一体化プロジェクト一同

執筆者紹介

【編著者】
　　大阪総合保育大学　総合保育研究所　幼保一体化プロジェクト

【分担執筆者】
序
　　　　　　　玉置哲淳（大阪総合保育大学　児童保育学部　教授）
　　　　　　　東城大輔（大阪総合保育大学　児童保育学部　准教授）

第Ⅰ部
　　第1章　　東城大輔（前掲）
　　第2章　　宮上吉史（認定こども園たかさきこども園　園長）
　　第3章　　北川定行（認定こども園神童幼稚園　園長）

第Ⅱ部
　　第4章　　山﨑高哉（大阪総合保育大学　名誉学長）
　　第5章　　玉置哲淳（前掲）
　　第6章　　大方美香（大阪総合保育大学　学長）・玉置哲淳（前掲）

第Ⅲ部
　　第7章　　渡邉英則（ゆうゆうのもり幼保園　園長）
　　第8章　　青木一永（社会福祉法人檸檬会　副理事長・総括園長）
　　第9章　　瀧川光治（大阪総合保育大学　児童保育学部　教授）
　　第10章　弘田陽介（福山市立大学　教育学部　准教授）・東城大輔（前掲）

第Ⅳ部
　　終章　　東城大輔（前掲）・玉置哲淳（前掲）

　　　　　　　　　　　　　　　　※公刊にあたっての編集事務は東城・玉置が担当

JCOPY 〈㈳出版者著作権管理機構 委託出版物〉

本書の無断複写(電子化を含む)は著作権法上での例外を除き禁じられています。本書をコピーされる場合は、そのつど事前に㈳出版者著作権管理機構(電話 03-3513-6969、FAX 03-3513-6979、e-mail: info@jcopy.or.jp)の許諾を得てください。
また本書を代行業者等の第三者に依頼してスキャンやデジタル化することは、たとえ個人や家庭内での利用であっても著作権法上認められておりません。

総合保育双書5
幼稚園と保育所のいいところを見つめなおす
~こども園の在り方を軸にして~

2018年8月31日　初版発行

| 編　著 | 大阪総合保育大学
総合保育研究所幼保一体化
プロジェクト |

| 発　行 | ふくろう出版 |

〒700-0035　岡山市北区高柳西町 1-23
友野印刷ビル
TEL：086-255-2181
FAX：086-255-6324
http://www.296.jp
e-mail：info@296.jp
振替　01310-8-95147

印刷・製本　友野印刷株式会社
ISBN978-4-86186-714-9 C3037　 ©2018

定価は表紙に表示してあります。乱丁・落丁はお取り替えいたします。